【当代华语世界思想者文库】

左冲右突

——胡耀邦、赵紫阳与计划生育

Rushing Left and Right

— *Hu Yaobang, Zhao Ziyang and Family Planning*

（分拆本）

梁中堂人口研究文集·卷五

梁 中 堂

By Liang Zhongtang

【当代华语世界思想者文库】

学术顾问：黎安友、郭汤姆
主　编：荣　伟
Academic Adviser:　Andrew J. Nathan, Tom Kellogg
Chief Editor:　　　David Rong

Published by Bouden House, New York
ISBN:　979-8-90257-022-6 (Paperback)
　　　　979-8-90257-023-3 (eBook)

Rushing Left and Right
　— *Hu Yaobang, Zhao Ziyang and Family Planning*
By Liang Zhongtang

梁中堂人口研究文集·卷五
左冲右突——胡耀邦、赵紫阳与计划生育

梁中堂　著

出版：博登书屋·纽约（Bouden House New York）
邮箱：boudenhouse@gmail.com
发行：谷歌图书（电子版）、亚马逊（纸质版）
版次：2026 年 2 月 第 1 版 第 1 次印刷
字数：100 千字
定价：$30.00 美元

序　言

　　之所以把读者手上这本书称为分拆本，是因为去年曾出版过一本《左冲右突》。不过，去年的那一本是把《陈慕华主管计划生育》和《左冲右突》合为一册，书的全名是《左冲右突——陈慕华、胡耀邦、赵紫阳与计划生育》。两本合为一册后，造成了混乱。原来，1979年，陈慕华提出并推行"一胎化"的生育政策后，管制国民生育行为的计划生育制度迅速形成。1980年，走到党和国家一线位置的胡耀邦、赵紫阳不得不处在陈慕华建立起来的计划生育制度内，寻求合理的生育政策，左冲右突，而不能突围。

　　但是，两本合编为一册后，从书名开始就引起了混乱。《左冲右突——陈慕华、胡耀邦、赵紫阳与计划生育》，从书名来理解，是说陈慕华、胡耀邦、赵紫阳三个人的左冲右突。实际却不是，陈慕华就没有左冲右突。其次，把陈慕华与胡耀邦、赵紫阳并列，而且排在前面，不符合政治规则。再其次，陈慕华不仅没有左冲右突，而且自她主管计划生育以后，始终都是一往直前的。尤其是提出"一胎化"生育政策以后，就一直在全国推动其前进、前行的。当1982年中央颁布以"女儿户"政策为核心的11号文件后，她就卸任国家计生委主任职务而不再分管计划生育工作了。所以，把陈慕华也放在"左冲右突"下面，是不正确的。最后，这个书名给人的印象是这三个人一出世就左冲右突，共同起于乱世。不是的，先有陈慕华主管计划生育，通过"一胎化"生育政策建立起管制国民的计划生育制度，把社会搞乱，然后才有了胡耀邦、赵紫阳在陈慕华设置的制度框架里的突围。为此，就必须把去年合而为一的那本书再分拆开来，让《陈慕华主管计划生育》和《左冲右突》单独面世，这就有了分拆本。

　　是为序。

梁中堂　2026 年 2 月 12 日于上海

再版序言

　　读者手上的这本小册子，是 10 年前未能完成的一篇论文。虽说它是未完成的书稿，但也就差最后一个结束语了。6 月份意外发现后，已不打算做下去了，只是鉴于它引用了许多很重要的史料，是一般人口学家所看不到的，所以托朋友在自媒体上推送给社会，以供有心人做研究时参考。这次是蔡泳博士的无意推动，才又把它修订成现在的样子。

　　蔡泳博士是我交往比较多的年轻的人口学家。自从 2008 年认识以来，他每次回国经过上海，都会花时间与我见面、聊天。最近一次回国，他在上海待了不到一周，抽出两个半天陪我喝酒，讨论计划生育的历史。我的新作《陈慕华主管计划生育》于今年 6 月份完成，他在境外的一个网站上偶然发现，10 月 19 日就写出了一篇《读梁中堂〈陈慕华主管计划生育〉》的书评，洋洋洒洒，两万五千言。我收到邮件的当天，就满怀喜悦地回复他说：

　　蔡泳，收到您的大作了，还未来得及仔细拜读。不过预先告诉您，无论您是怎样的意见和观点，我都将以十分欣喜的心情对待。因为多少年来这个领域几乎是我在唱独角戏，写了那么多的文章，竟然没有一点回音，您这是第一个回应我，还写了那么长。谢谢您。

　　我的《陈慕华主管计划生育》还有一个长长的副标题："'一胎化'生育政策的产生及其管制国民生育行为的计划生育制度的建立，兼评中国现代人口学浪漫主义"。前面有关政策和制度，是该书的主题。陈慕华主管计划生育期间提出"一胎化"的生育政策，并且通过实施"一胎化"很快建立健全了管制国民生育行为的计划生育制度。蔡泳博士不同意，他认为"严格控制人口、推行独生子女政策是 1970

年代末中央最高层的决策，陈慕华的角色是这个决策的积极实施者"。蔡泳博士对这一问题还有更深的思考，认为对中国独生子女政策出台和推行过程的理解，必须放在华（华国锋）邓（邓小平）向经济建设转向，全社会对文革动乱和社会主义贫穷反思的历史大背景之下，和中共的权力体制的基本框架之中。对每一个人物的评价，从最高领导人和普通老百姓，在这一过程中所起的作用和反应，也必须放在历史和社会背景之中。

因为历史时期站在中国政坛前列的是胡耀邦和赵紫阳，未完稿《左冲右突：胡耀邦赵紫阳与计划生育》正好与《陈慕华主管计划生育》衔接，具体陈述了胡耀邦和赵紫阳如何对待"一胎化"的生育政策，包括他们与坚持经典的"一胎化"主张的人们之间的斗争与博弈，还原了胡耀邦赵紫阳在他们参与构建的计划生育体制内左冲右突的窘态。所以，读者手上的这本书就是历史时期"一胎化"政策在"中共权力体制的基本框架"里的具体表现，自然回答了蔡泳博士的问题。这是我要把未完成的稿件做下去的主要原因。

按照熟悉中国现行的党和国家体制的人们的认识，即使陈慕华担任政治局候补委员、国务院副总理，她主管的计划生育工作也只是一个相关部门政策的执行者，而党和国家的路线和政策的决策则属于更高层的中央领导。70 年代末至 80 年代，中国政坛形成了"邓小平-胡耀邦赵紫阳"的特别政治体制。邓小平作为党和国家的实际最高领导人，处在二线。胡耀邦和赵紫阳则作为党和国家领导人分别居于党和国家最高权力的党中央主席（总书记）和国务院总理的位置上。胡耀邦和赵紫阳在前台的执政，具体体现了邓小平的意志。在一定程度上，也体现了陈云的主张。邓小平、陈云，以及胡耀邦、赵紫阳，这是历史时期比陈慕华更高的中央"权力体制的基本框架"。

历史表明，1981 年 6 月 27 日至 29 日，党的十一届六中全会刚刚决定胡耀邦担任党中央主席，赵紫阳、华国锋任党中央副主席（前面已经有叶剑英、邓小平、李先念、陈云 4 位副主席），也即胡耀邦赵紫阳刚刚确立党内的领导职位，9 月 10 日，胡耀邦和赵紫阳就联手在中央书记处 122 次会议上纠正陈慕华的不分城乡、不分民族地在全国推行的"一胎化"政策。也就是在这次会议上，赵紫阳提出了允许农民普遍生育两个孩子和生了一个女孩的农民可以再生一个的两种方案。无论怎样，中央书记处 122 次会议表明，胡耀邦和赵紫阳是主动改变"一胎化"政策的，从而证明了陈慕华在两年前提出并已经实际推行的"一胎化"不是来源于胡耀邦和赵紫阳。这是其一。其二，胡耀邦和赵紫阳是邓小平和陈云提携担任中央领导职务的，如果"一胎化"是邓小平或者陈云决策制订的大政策，那么，按照常理来说，刚刚走到中央最高位置的胡耀邦和赵紫阳，并且是在尚未经过党的代表大会确认的情况下，就急于要改变提携他们的邓小平或者陈云的既定政策，也不是政界通行的规则。所以，陈慕华的"一胎化"并非来源于比她领导职位更高的中央高层的决策。

事实上，从 70 年代末开始的计划生育是党和国家的一项特殊工作，它有着党和国家几乎其他所有部门和领域都有所不同的工作范式。在其他几乎所有的领域，政出中央。全党服从中央，这是中国共产党的一项基本原则。但是，70 年代以后的计划生育工作，倒过来了。中央有明确的生育政策，计划生育部门可以不执行，倒是中央顺从计划生育部门的意志，可以再发一份"红头文件"，同意计划生育部门实行他们自己提出来的办法。1978 年 10 月，中央颁发 69 号文件，提出"提倡一对夫妇生育子女数最好一个最多两个"，这本来是陈慕华争取到的政策，她却不执行，1979 年 1 月 17 日，将一句话包含两个结果的"最好一个最多两个"改变为只有一种结果的"提倡一对夫妇只生一孩子"。未经半年，6 月 27 日，陈慕华进而又提出"一胎化"。从 1979 年 1 月开始到 1982 年 2 月中央颁发 11 号文件期间，陈慕华是在没有中央"红头文件"认可的情况下，不分城乡、不分民族地在全国推行"一胎化"生育政策的。1982 年 2 月 9 日，党中央国务院以中央 11 号文件的形式颁发了以"女儿户"为核心内容的现行计划生育政策。但是，至 1988 年 3 月 31 日中央常委第 18 次扩大会议，期间长达 6 年的时间，历经了陈慕华、钱信忠和王伟 3 任国家计生委，都不执行。相反，中央竟然为他们分别颁发了 1982 年中办发 37 号文件，1984 年中央 7 号文件，——前一份是批转钱信忠主持的《会议纪要》，后一份是批转王伟主持的《情况报告》，其实质都是以中央名义同意他们不执行 1982 年的中央 11 号文件，而另行实行计划生育部门自己的主张。

还有，如果进一步分析 1982 年中央 11 号文件所承载的"女儿户"政策和 1988 年以后全国终于能够实行"女儿户"政策了，其实也都是因为当时的国家计划生育委员会主任彭珮云的决定和坚持。

1981 年 9 月 10 日的中央书记处 122 次会议上，党中央副主席、国务院总理赵紫阳提出允许农民普遍生二胎和有了一个女孩的农民可以再生一个的两种方案。但是，主持书记处会议的胡耀邦不是要参加会议的中央书记处书记们讨论决定，而是交由国家计划生育委员会主任陈慕华"走走群众路线"，征求各个省、市、自治区党委的意见，然后替中央起草一份文件。因为必须是在赵紫阳的两种方案里二选其一，所以，在提出并坚决推行"一胎化"政策的陈慕华的主持下，就有了最接近"一胎化"的"女儿户"政策。

不管怎么说，1982 年 11 号文件所承载的以"女儿户"为核心的现行生育政策，总是在胡耀邦主持的中央会议上由赵紫阳提出来的，所以，它该是胡耀邦赵紫阳所制订的中央政策。但是，胡耀邦赵紫阳执政的时候却未能在全国实行。1987 年，赵紫阳接替胡耀邦担任中共中央总书记职务。1988 年 3 月 31 日，总书记赵紫阳在中央会议上强调"女儿户"政策，新上任的国家计生委主任彭珮云遂决定在全国推行。1989 年赵紫阳下台的时候，彭珮云的工作还在进行中。随着赵紫阳的下台，社会上出现了一股"女儿户"是赵紫阳的政策和翼城县实验是赵紫阳的试点的人思潮，主张"一胎化"的人们又强烈呼喊着要回到经典的不分城乡、不分民族地实行"一胎化"的时代去。所以，如果不是国家计生委主任彭珮云向中央明确提出"现行生育政策是党中央决定的，不能认为这是赵紫阳同志的个人的决策"，中央又同意了彭珮云的意见，那么，1989 年以后的计划生育政策的具体走向，显然还可能是另外一种局面。

所以，在计划生育政策的选择上，不是常规的全党服从中央，而往往是中央迁就和顺从计划生育部门。

为什么是这样？

人类从 15 世纪末至 16 世纪初开始进入到由自然经济到市场经济转变的大时代，因为这个历史是从西欧的几个小的民族国家发源的，中国的自然地理位置决定了它处在现代文明传递的最末一环。当以毛泽东为领袖的中国共产党建立新中国，开启全面面向现代化的时候，他是从四分五裂的民国政府所接受到的一个烂摊子起步的，众多的农业人口成了希望大步走向现代的毛泽东及其中国共产党人心目中的一个大阴影。笔者说阴影，是因为人本是人类历史的前提，生育自由是人类社会的一项自然法则。一个民族或者民族国家，其人口规模是一个既与的社会因素，是不能通过外力干预的。但是，毛泽东作为一位从落后的农村走出来的革命家，未必懂得这个道理，这是1957 年毛泽东产生了通过计划生育解决人口阴影的思想背景。

不过毛泽东毕竟是中华民族的领袖，尤其在其长期的革命斗争中形成了人民群众是历史的主人的唯物主义历史观，所以，虽然毛泽东早在 1957 年就产生了计划生育的概念，但是，在经过深思熟虑的思考以后，他又放弃了。毛泽东在世的时候，新中国已经开展计划生育了，但毛泽东又多次强调不许强制，而不强制的计划生育也就只能是节制生育了。1979 年以后，胡耀邦几次说"在人口问题上我们犯过错误"，就是指毛泽东时代的计划生育没有实行强制，或者说那时的政府没有实行管制国民生育行为的计划生育制度。

毛泽东去世以后，由毛泽东培养的下一代中国共产党的领导人执政，他们接受了毛泽东把人口众多当作发展障碍和困难的心理阴影，却没有毛泽东那样对人民群众的敬畏，所以很快就有了强制实行计划生育的制度。但是，现代国家中的公共事务管理也是有客观依据的，有规律性的。现代国家公共事务中没有计划生育的位置，它只是要解决人们心理中的一个阴影。这也是几十年来，中国政府工作中，计划生育说起来重要，实际上并不重要的原因，也是计划生育政策突破了政出中央的基本规则，中央颁布了生育政策得不到执行，反而迁就和顺从计划生育部门的根本原因。有兴趣的读者除了阅读这本小册子以外，还可以进一步阅读拙著《艰难的历程：从"一胎化"到"女儿户"》（2014）、《谁主沉浮？中国现行生育政策的决策机制和体制研究》（2015）。无论从历史逻辑，还是思维逻辑来说，读者手上的这本小册子都是后两本书的继续（笔者核对了几篇文章的底稿，《艰难的历程》起始于 2010 年 7 月，完成于 2014 年 2 月。《谁主沉浮？》起始于 2014 年 9 月，完成于 2015 年 1 月 20 日。本文《左冲右突》的写作始于 2015 年 3 月 14 日），只是由于我国现行的文字和网络管理制度，导致它经历了近 10 年的时间，直到今天才算完成。

历史是一本时读时新的书。在 2015 年的初稿里，笔者是把胡耀邦赵紫阳看作是消极地接受强制性计划生育制度的，不仅用了左冲右突这样的题目，甚至是从"计划生育，胡耀邦赵紫阳接受到的一份两难的遗产"开始这项研究的。通过这次研究发现，胡耀邦赵紫阳不仅仅是被动与消极地接受了"一胎化"和计划生育制度，事实上，胡耀邦为陈慕华的"一胎化"政策的提出和出台提供了舞台条件。胡耀邦是不完全接受"一胎化"的，但他直接推动马寅初的平反活动，事实上是为"一胎化"的产生提供了充足的社会舆论支持的。赵紫阳公开声言，他不主张在农村推行"一胎化"。但是，正是在他担任国务院总理以后，陈慕华借推行"一胎化"政策的强盛势头，迅速建立起管制国民生育行为的计划生育制度。1981 年 3 月，国务院总理赵紫阳签署提交全国人大常委会的审议法案，促成了计划生育部门由临时性的国务院计划生育领导小组转变为国务院组成单位的国家计划生育委员会，让具有服务性质的计划生育部门摇身一变成为党和政府的权力机关。从中央到地方建立的计划生育管理机器，就是国家管理和管制国民生育行为的计划生育制度。所以，80 年代里的胡耀邦赵紫阳是在自己亲自参与下所构建的制度里左冲右突的。

6 月 28 日，无意中发现 2015 年 3 月开始至该年后半年所写卜的初稿，因为不准备完成它了，在请朋友推送它的时候书写了一个按语，实际上是初印稿的序言。因为它事实上已经算一部独立的文稿了，所以，出于文责自负的原则，我把它也附在后面。

最后，我还要特别感谢蔡泳博士，完全是他的无意推动，才有了这本小册子。

是为序。

梁中堂
2024 年 12 月 10 日于上海

初版序言

在前几天完成的《陈慕华主管计划生育》一文的序言里，笔者还说和那篇文章一样，大约 10 年前只是拟定了《左冲右突——胡耀邦赵紫阳与计划生育》的题目，并未来得及写。不想刚才要寻找一份资料时，在电脑里意外发现了这篇未能完成的文章。从文件夹里的几个材料看，这篇未完成的稿件应该发生在 2015 年的 1 月至 8 月之间。记得那个时段的舆论环境越来越恶劣，自然没有心情写下去了。虽说是没有完成，但就只短缺一个"结束语"了。因为我已经没有精力完成它了，所以就这样奉献给读者。一是即使如此，知道学界也还未有人去做。二是未完稿里提供了许多资料，权当是给有兴趣做这方面研究的朋友奉献一些资料吧。

另外，在同一个文件夹里，还发现一篇《赵紫阳与 80 年代的计划生育政策》，作为附录也收录在这本小册子里，以敬同好。

是为序。

梁中堂

2024 年 6 月 28 日于上海蒸菜馆

目　　录

线。陈慕华按照第二方案从紧掌握的原则，代中央草拟了一份
文件，这就是 1982 年中央 11 号文件。其政策部分，即被表述
为现行生育政策的主要内容：城镇一对夫妇只生育一个孩子，
农村某些群众确有困难要求生二胎的经审批可以有计划地安排
（"女儿户"的特殊表述），少数民族可适当放宽

1982 年 10 月经中办发 37 号文批转的 1982 年 8 月 16 日《全国
计划生育工作会议纪要》，是一份取代中央 11 号文件的"红头
文件"。1982 年 8 月 18 日，赵紫阳：你们各省都有一些办法和
规定，……我主张稳定，现在就按各省自己定的办。他还说，控
制人口是我国的一个很大的问题，一个重大方针，要作为我们
的基本国策定下来……

1983 年，钱信忠在全国推行大结扎：凄然下台。1984 年 1 月 9
日，中央书记处召开 108 次会议、4 月 5 日，中央书记处办公会
议，告诫新任国家计划生育委员会主任王伟：要把计划生育政
策建立在合情合理、群众拥护和干部好做工作的基础上，并重申
1982 年中央 11 号文件承载的现行的计划生育政策。但是，4 月
13 日批准的中央 7 号文件，又同意王伟只把照顾生二胎的比例
扩大到 10%，实际上又否定了中央 11 号文件和上述精神

1984 年 7 月 30 日，赵紫阳在马瀛通张晓彤的报告上批示说：我
认为此文有道理，值得重视。所提措施，可让有关方面测算一下，
如确有可能，建议采用。本世纪人口控制指标，可以增加一点弹
性，没什么大了不起。8 月 5 日，胡耀邦批示说：同意紫阳同志
的意见。这是一份认真动了脑筋，很有见地的报告。……我主张
按紫阳同志提出的请有关部门测算后，代中央起草一个新的文
件，经书记处政治局讨论后发出

把信仰上帝的思想反复灌输到儿童的头脑中，这对于他们还没有发育健全的头脑会发生极其有害的、而且可能有遗传的影响，致使他们再也无法排除信仰上帝的思想，正好像猿类难以放弃对于蛇的恐惧和预防的本能一样。

——达尔文：《我的思想和性格的发展回忆录》

第一节

计划生育：胡耀邦赵紫阳接受到的一份两难遗产

胡耀邦和赵紫阳是党的十一届三中全会以后，中国政坛所升起的两颗最耀眼的新星。胡耀邦青少年时期即在中央苏区担任少共国际领导职务，建国后长期担任团中央第一书记。文化大革命以后，1977年党的第十一次代表大会上，胡耀邦当选为中央委员，担任中央党校副校长。按照当时的体制，党中央主席华国锋亲任中央党校校长。50年代，华国锋在湖南仟湘潭地委书记的时候，胡耀邦曾经下放挂职任地委第一书记，两人一起工作了一年多，相处融洽。华国锋长期在地方工作，1973年到中央以后也只是在国务院分管相关领域的经济工作，直接接触的干部很有限。所以，1977年，华国锋让胡耀邦担任中央党校的副校长，实际是替自己在中央党校站岗。同年的年底，胡耀邦又担任中央组织部部长，直接推动70年代后期纠正历史上的冤、假、错案，为大批历史上处理错了的干部平反，有着极好的名声。1978 年 12 月党的十一届三中全会上，增选为政治局委员，任中央宣传部部长，中央秘书长，负责处理中央日常事务。

赵紫阳在文化大革命以前长期在中共华南局和广东省委工作，曾担任中共广东省委书记、省委第一书记。1975 年，在邓小平的举荐下，任全国人口最多（那时的重庆市还属四川省管辖）的四川省委第一书记，党的十一次代表大会上当选为中央委员，十一届一中全会上当选为政治局候补委员。1978 年 2 月，第五届全国政协会议上邓小平当选为全国政协主席，赵紫阳当选为副主席。不过，赵紫阳所担任的政协副主席并不驻会，具有兼职的性质，实质性的职务仍然是中共四川省委第一书记。1979 年 9 月，十一届四中全会上，赵紫阳被增选为政治局委员。

1980 年 2 月，十一届五中全会上，胡耀邦、赵紫阳同时被增选为中央政治局常委。同一次会议还决定设立中央书记处，作为中央政治局常委会和中央政治局领导下的经常工作机构，并选举胡耀邦为总书记。3 月 17 日，中共中央决定撤销一年前成立的以陈云、李先念为正、副组长的国务院财政经济委员会，成立以赵紫阳为组长的中央财经领导小组。4 月 17 日，五届全国人大常委会任命赵紫阳、万里为国务院副总理。4 月 25 日，华国锋主持召开国务院常务会议，决定赵紫阳协助华国锋主持国务院日常工作，事实上已经承担了国务院总理的职责。8 月 18 日，中共中央召开政治局扩大会议，会议决定向全国人大建议华国锋不再担任国务院总理职务，由赵紫阳接替。9 月 11 日，五届全国人大三次会议同意华国锋辞去国务院总理职务并决定赵紫阳为国务院总理。

胡耀邦赵紫阳走到国家党政领导第一线的时候，正值计划生育部门不分城乡地在全国推行"一胎化"的生育政策。"一胎化"，是对 1979 年 6 月开始在全国推行的一对夫妇只生一个孩子的计划生育政策的通俗表述，是由主管计划生育工作的中央政治局候补委员、国务院副总理兼国务院计划生育领导小组组长陈慕华在中央党校的报告中提出来的。12 月 18 日，陈慕华在各省、市、自治区和全军计划生育办公室主任会议上指出："一对夫妇最好生一个孩子，这是从今年以来开展计划生育工作的实践中，总结出来的控制人口增长的好经验。""把计划生育工作的重点，转移到一对夫妇最好生育一个孩子上来，是解决我国人口问题的战略任务。"要"牢固树立有计划地控制人口增长的战略思想，保证计划生育工作重点转移"。[1] 1980 年 2 月 2 日，陈慕华在北京召开的一次座谈会上进一步强调说：

只有逐步做到城市百分之九十五、农村百分之九十的育龄夫妇只生一个孩子，到本世纪末，我国总人口才能够控制在十二亿左右。这样才有利于使国民经济得到大的发展，人民生活得到明显改善，全民族的科学文化水平和健康水平得到更大的提高。[2]

虽然"一对夫妇只生一个孩子"得到了党中央主席、国务院总理和中央军委主席华国锋[3]，以及党中央副主席邓小平[4]、李先念[5]、陈

1　新华社：《提倡一对夫妇最好生一个孩子》，1979 年 12 月 23 日，人民日报，第一版。

2　新华社：《提倡一对夫妇生一个孩子 国务院计划生育领导小组等单位召开婚姻家庭计划生育新风尚座谈会》，人民日报，1980 年 2 月 3 日，第一版。

3　1979 年 6 月 18 日，华国锋在五届人大二次会议的《政府工作报告》提出，"要订出切实可行的办法，奖励只生一个孩子的夫妇"。华国锋：《政府工作报告》，人民日报，1979 年 6 月 26 日，第一版。

4　1979 年 10 月 15 日，邓小平会见英中了解协会的英国客人时说，人口问题是一个重要问题。现在，我们正在把计划生育、降低人口增长率作为一个战略任务。我们提倡一对夫妇生一个孩子。凡是保证只生一个孩子的，我们给予物质奖励。中共中央文献研究室编：《邓小平年谱（1975-1997）》（上），中央文献出版社，2004 年，第 567-568 页。

5　1979 年 4 月 5 日，李先念代表党中央国务院在中央工作会议上讲话中说："我们一定要认真做好思想教育工作，订出切实有效的办法，包括法律的和经济的办法，鼓励一对夫妇最好只生一

云[6]等领导人的支持，但是，除了陈云以外，其他主要领导人的说法与陈慕华的"一胎化"是有着实际产别的。华国锋、邓小平和李先念所说的是奖励、提倡和鼓励一对夫妇生育一个孩子，而陈慕华是要求城镇 95%和农村 90%的人们只生一个孩子。另外，在贯彻这一政策的过程中，一些地方强迫妇女一律结扎、大月份引产、组建计划生育小分队吃住在工作对象家里，还有一些地方发生人命。[7] 所以，干部群众对此议论还是很多，[8] 以至中央高层和中央机关也有不同的意见。胡耀邦在 1981 年 9 月 10 日的中央书记处 122 次会议上就说："一胎化，开始就有争论，现在也有不通，突出反对的是谭老板[9]，妇联也反对。"[10]

胡耀邦赵紫阳都是接受邓小平、陈云的人口学观点的，认为中国 10 亿人口、8 亿农民，人口众多以至拖了"四个现代化"建设的后腿；以及国民经济有计划按比例发展，要求人口增长也要有计划，等等。所以，严格控制人口增长和毫不犹豫地推行计划生育，仍然是他

个孩子。"李先念：《在中央工作会议上的讲话》，《三中全会以来重要文献选编》（上），人民出版社，1982 年，第 133 页。

6　1979 年 6 月 1 日，陈云对上海市负责人谈话说："先念同志对我说，实行'最好一个，最多两个'。我说再强硬些，明确规定'只准一个'。准备人家骂断子绝孙。不这样，将来不得了。"中共中央文献研究室编：《陈云年谱》（下），中央文献出版社，2000 年，第 246 页；《陈云传》（下），中央文献出版社，2005 年，第 1595 页。

7　梁中堂自存档案资料，1980040709，国务院计划生育办公室：《关于人口问题的报告》。

8　梁中堂自存档案资料，1980040705，中央办公厅人口问题座谈会秘书组：《人口问题座谈会情况简报》（一）。

9　谭老板，即谭震林，文化大革命前任中共中央政治局委员、书记处书记、国务院副总理，文革以后任中共中央委员、全国人大常委会副委员长。

10　梁中堂自存档案资料，1981091000，《赵紫阳、胡耀邦等同志在中央书记处 122 次会议上关于计划生育政策问题的发言》，第 5 页。

们执政的基本理念。特别是 1979 年以来，计划生育部门推行的"一胎化"政策得到了华国锋、邓小平、陈云和李先念等领导人的默认和支持，他们也是清楚的。但是，自上而下地推行的"一胎化"生育政策强化了计划生育工作带来的强迫命令，强制性流产和引产，强制上环和结扎，则都直接侵犯了群众的利益，也严重伤害了党群关系、干群关系。因为有党的纪律约束，胡耀邦赵紫阳走到党政领导的第一线，负责党和国家全局性的领导工作，就不得不考虑执政党的政策如果过于激烈而脱离群众必定会影响长治久安。

另外，胡耀邦赵紫阳接受的计划生育遗产，完全不同于经济发展落后所导致的其他社会问题。中国是一个传统的农业国家，其经济社会向现代工业化发展和过渡属于发展和前进的问题，虽然人民群众都有加快发展的要求和愿望，但那都是从已经达到的平台上再向前发展，每走一步都是人类从必然王国迈向自由王国的一个进步，都可以得到人们的拥戴。计划生育可不一样。自由生育是人类社会的一个基本制度。生还是不生、生多生少、以及什么时候生，实质是人们选择不同的生活，从来都是由各个家庭自主决定的。中国政府从1979 年开始将生育问题管理起来，是对人类从来都是自由领域的生育行为的一种管制，是对向往自由天性的人类的一种限制。所以，在计划生育领域中政府每前进一步都必然地遇到极大的抵制和反抗。胡耀邦赵紫阳从接受的理念出发，一方面需要坚定不移地控制人口从而支持和推进计划生育工作，另一方面又必须维护群众的利益和取得人民的拥护。这是一个两难的问题。

胡耀邦赵紫阳既没有专门的人口学论著，也没有像毛泽东《唯心历史观的破产》那样的政治论文可以让人们透过哲学世界观分析其人口思想。特别是胡耀邦，甚至都没有像赵紫阳那样在一些有关计划生育工作的专门会议上做过的几次比较连贯性的长篇发言和讲话。所以，对于胡耀邦来说，我们只能通过一些他的政务工作、主持的会议和相关的中央文件来剖析他的人口与计划生育思想，与此相关的有为马寅初平反，邀请陈慕华到中央党校作报告提出"一胎化"，以及 1980 年 4 月中央办公厅人口问题座谈会上冯文彬的讲话，6 月 26 日中央书记处会议上胡耀邦的发言，以及 1981 年 9 月中央书记处 122 次会议，1982 年 9 月党的十二大报告中提出计划生育是基本国策，1982 年 12 月 28 日国家计划生育委员会下发的传达胡耀邦接见外宾时的讲话通知，1984 年 1 月 9 日中央书记处 109 次会议和 4 月 5 日中央书记处办公会议，等等。

胡耀邦的有关思想和观点，概括起来，有以下几个方面。首先，人口基数很大，增长速度又太快，是我国的一个特殊问题，它的产生，同我国长期是封建社会有关，同我们在一段时间中认识上的错误有关，也是我国科学不发达的后果。其次，中国人口太多，中国政府过去在人口问题上犯过没有及时控制的错误，最近几年才抓这项工作。第三，计划生育是一个关系党的全局性的战略问题，是一项长期的任务，是我国的大政方针，各级党委都要把控制人口数量同发展物质生产当作同等重要的工作来抓，列入发展国民经济的长远规划，加强对计划生育工作的领导。第四，计生工作最主要的是搞好宣传教育，大力宣传避孕，解决避孕问题。同时要研究生下的一个孩子，如何提高质量，健康成长，并解决婴幼儿、青少年的培养教育及老有所养等实际问题。第五，在肯定近几年计划生育取得很大成绩的前提下，也必需认识到计划生育工作中的强迫命令很严重，引起群众不满。计划生育工作搞得好不好，关系到国家的安定团结。计生工作搞得不好，产生副作用，也要影响四化。第六，认为做好计划生育工作，还是应该依靠政治思想工作、经济政策和技术措施，特别是依靠全体共产党员、共青团员的模范带头作用。第七，重视节育技术，应不惜花费成本，要给人民群众供应放心的节育器械，要让群众有安全感。

由于赵紫阳主管经济工作，特别是几次走到前台讲述生育政策问题，其计划生育思想相对具体而丰富。譬如 1981 年 9 月 10 日中央书记处 122 次会议上提出解决农民生二胎的两个方案，1982 年 8 月 18 日接见参加全国计划生育工作会议的代表时提出计划生育是基本国策的讲话，1986 年 12 月 2 日在全国计划生育会议上要求稳定政策，1988 年 3 月 31 日主持中央政治局常委会第 18 次扩大会议上系统讲述 80 年代计划生育政策的演变，等等。赵紫阳的思想和观点，概括起来有以下几点。首先，中国人口太多了，控制人口关系到四个现代化建设，对"四化"的前途有重大影响，也关系到国家政治和社会的稳定。所以，实行计划生育是我国的一项基本国策。这一思想曾经反复表达过。其次，为了真正把计划生育工作搞下去，生育政策要定得适当，合情合理，必须放在农民能够接受的基础上，避免严重的强迫命令，避免放任自流。为此，赵紫阳主张在"一胎化"基础上"开小口，堵大口"，提出改善农村计划生育政策的两个方案，一个是普遍允许农民生两个孩子，一个是在提倡一对夫妇只生一个孩子的基础上实行"独女户"的政策，即农民第一个孩子是女儿的可以再生一个。第三，计划生育要立法。根据不同地区不同情况，以法的形式规定什么人可以生一胎，什么人可以生两个，都必须遵守法律。第四，本世纪末把人口控制在 12 亿的目标是一个有弹性的指标。

<h1 style="text-align:center">第二节</h1>

胡耀邦赵紫阳所接受的陈云和邓小平的人口思想，胡耀邦担任中央总书记以前对计划生育工作的推动：通过给马寅初平反，为离开毛泽东节制生育意义上的计划生育而构造管制国民生育行为的生育制度创造了恰当的社会氛围，为陈慕华提出"一胎化"的生育政策提供具体条件

1978 年 12 月的十一届三中全会上，胡耀邦以中央政治局委员、中央秘书长的身份走到中央领导岗位。1979 年 3 月 21 日，新当选的党中央副主席陈云率先在中央政治局讲话中论及人口问题，他说：

我们国家是一个九亿多人口的大国，百分之八十的人口是农民。革命胜利三十年了，人民要求改善生活。有没有改善？有。但不少地方还有要饭的。这是一个大问题……

一方面我们很穷，另一方面要经过二十年，即在本世纪末实现四个现代化。这是一个矛盾。人口多，要提高生活水平不容易；搞现代化用人少，就业难。我们只能在这种矛盾中搞四化。……别的国家没有这么多人，没有这么多农民

总之，九亿多人口，百分之八十在农村，革命胜利三十年了还有要饭的，需要改善生活。我们是在这种情况下搞四个现代化的。[11]

9 天以后，邓小平在同一次政治局会议上讲话说：

要使中国实现四个现代化，至少有两个重要特点是必须看到的。

11　中央文献研究室编《三中全会以来重要文献选编》上，人民出版社，1982 年，第 74-75 页。

一个是底子薄……

第二条是人口多，耕地少。现在全国人口有九亿多，其中百分之八十是农民。人多有好的一面，也有不利的一面。在生产还不够发展的条件下，吃饭、教育和就业就都成为严重的问题。我们大力加强计划生育工作，但是即使若干年后人口不再增加，人口多的问题在一段时间内也仍然存在。我们地大物博，这是我们的优越条件，但有很多资源还没有勘探清楚，没有开采和使用，所以还不是现实的生产资料。土地面积大，但是耕地很少。耕地少，人口多特别是农民多，这种情况不是很容易改变的。这就成为中国现代化建设必须考虑的特点。

中国式的现代化，必须从中国的特点出发。比方说，现代化的生产只需要较少的人就够了，而我们人口这样多，怎样两方面兼顾？[12]

陈云和邓小平的人口学观点既解释了中国贫穷落后的原因，又指出了建设现代化的困难之所在，这是中国很长一个时期里的各项工作的思想基础，胡耀邦赵紫阳在邓小平陈云的提携下走到党和国家最高领导岗位，自然把这一思想自觉地贯彻到自己的工作中。

1979年2月，署名上海冶金所相德钦的群众来信向中央写信，说经济学家马寅初早年因"团团转"获罪20年，"他是最早主张我国要节制生育的有识之士"，建议中央也该解决他的问题。

华国锋批转了相德钦的信件，要中组部部长宋任穷"阅批"。一个多月后，中组部将信件批转给教育部党组转北京大学党委，认为马寅初当年在北京大学受到批判，北大应该"研究解决马寅初先生的问题"。几个月过去了，问题并没有进展。[13]

1979年5月中旬，胡耀邦要求新华社采访马寅初，"并要写出篇包括他现在对人口理论问题看法的消息，在五届人人二次会议召

12　《三中全会以来重要文献选编》上，第87页。

13　转引自杨建业《马寅初》，中国青年出版社，1986年，第224-225页。文中华国锋的名字是笔者加的。

开期间见报。"[14] 新华社记者的这篇报道引发了陈云"马寅初的问题，应该平反"的批示，以及在胡耀邦的推动下的为马寅初平反活动。[15]

1979年，由陈云和胡耀邦直接推动的为马寅初平反的活动，在社会上形成一股强大的思潮，这股思潮自然迎合了自毛泽东去世后不久就已经出现的批判和否定毛泽东的思潮，再加上新中国以后不少知识分子受到压抑而一直过着非常郁闷的生活而自然产生的一种向往，从而由中央媒体制造了一位远比毛泽东高明和伟大的旧知识分子马寅初，——这位历史上并不存在的马寅初先于毛泽东提出计划生育，毛泽东先是接受了马寅初的建议实行计划生育，后又反悔指使康生陈伯达批判马寅初。被塑造的马寅初铁骨铮铮，不畏强暴，敢于和身后站着毛泽东的康生奋战，还声言"直到战死为止，决不投降"。1979年至80年代初，中央媒体反复宣传那些虚假的马寅初的故事，以至当1982年马寅初去世的时候，党中央的唁电直称马寅初为中国共产党的"诤友"，给马寅初的葬礼以党和国家领导人都难以具有的规格。关于马寅初问题，有兴趣的读者可以阅读笔者的《马寅初》[16]和自印本《马寅初研究三步曲》。

错批一人，误增三亿。胡耀邦通过为马寅初的平反活动，成功营造了一个要急切管制国民生育行为的社会氛围。

1979年，胡耀邦还是陈慕华提出"一胎化"的直接推手。笔者这么说，是从1979年6月22日胡耀邦写给陈慕华的一封信里读出来的。胡耀邦的信说：

慕华同志：

你的人口问题的讲话稿，我粗略地翻了一遍。总的说来，我认为

14　《马寅初》，第225页。文中胡耀邦是笔者加的。

15　1979年中央为马寅初平反的过程，来源于新华社记者杨建业在其著作《马寅初》中的叙述。

16　梁中堂《马寅初》，中国发展出版社，2014年。

非常好。有以下几点小意见，请你再考虑一下。[17]

胡耀邦给陈慕华的信的全文不再转录了，有兴趣的读者可以看笔者的《陈慕华主管计划生育》。胡耀邦此时是主持中央日常工作的秘书长、中宣部部长、主持中央党校日常工作的副校长，所以，陈慕华1979年6月27日给中央党校所作"搞好计划生育工作，控制人口增长"的报告，应该是受胡耀邦的邀请和安排下发生的。正是在这次报告里，陈慕华提出了"一胎化"的生育政策的。

80年代以后，因为社会普遍对"一胎化"的抵制，有人否认说，中央从未说过"一胎化"。陈慕华在给中央党校的这个报告里，至少就连续讲了两个"一胎化"。她说。

为了进一步争取使人口自然增长率的下降幅度更快，并尽可能在短时期内使人口自然增长率降低到零，做到人口不增长，必须坚决杜绝三胎，提倡和推广一对夫妇终生一个孩子。……只要我们下大力气，花大功夫，做好工作，一胎化的比例是可以越来越提高的。为了大力推广和普及一胎化……[18]

虽然我们没有确凿的证据，但也敢于推断出，陈慕华送胡耀邦审阅的讲话稿里，已经有了"一胎化"的提法了。因为人民日报1979年8月11日以同名刊发这篇文章的时候，仍然有一处"一胎化"的提法，说明陈慕华的"一胎化"，是经过主持中央日常工作和兼任中宣部部长的胡耀邦同意了的。

17　《胡耀邦致陈慕华的信》，萧振禹人口与计划生育资料，19790622。

18　陈慕华《必须有计划地控制我国人口的增长》，中共中央党校理论研究室《理论动态》148，1979年7月30日。梁中堂室藏人口与计划生育研究资料，1979062701。

第三节

1980 年 4 月中央办公厅人口问题座谈会和 6 月 26 日中央书记处汇报会，胡耀邦：应当明确，人口一定要严格控制，决不能有任何松劲情绪，但控制人口不应采取强迫命令的办法，应该依靠强有力的政治思想工作，切实可行的经济政策和技术措施，特别是依靠全体共产党员、共青团员的模范带头作用，——公开信的背景和意义

以胡耀邦为总书记的中央书记处是 1980 年 2 月底召开的中央四中全会决定设立的，它标志恢复了文化大革命以前的中央领导体制。3 月 8 日，中央书记处召开了第一次会议，讨论并决定了书记处成员的分工。3 月 9 日，中央书记处继续召开会议，胡耀邦提出今后两年的两项工作，一是为政局的稳定性和延续性进一步打下不可逆转的基础，一是为夺取四个现代化的胜利描绘出清晰的蓝图。[19] 计划生育因为和广大群众特别是和广大农民的矛盾而将其视之为前一个问题，也因为从华国锋到邓小平、陈云等党和国家领导人将其视之为与四个现代化建设直接相关而属于后一个问题。所以，中央书记处把提倡和鼓励一对夫妇只生一个孩子当作一项已定的方针政策，进行了讨论。因为档案尚未解密，我们既不知道中央书记处第一次讨论计划生育问题的确切日期，也不知道一共讨论过几次。但是，我们可以确切地知道，"一胎化"政策是中央书记处极为关心的一个问题。

胡耀邦长期做共青团的工作，而共青团在更大意义上是中国共产党为团结和动员青年为党的中心工作而奋斗的工具。所以，相信

19　中共中央党史研究室：《中华人民共和国大事记》，人民出版社，2009 年，第 304 页。

胡耀邦最初接触陈慕华所提的"一胎化",是把它当作宣传的用语对待的。但陈慕华及其计划生育部门,是把它当作党中央认可了的一项政策执行的。1979 年 7、8 月份,全国各地不分城乡地推行推行"一胎化",已经开展得如火如荼,宣传一对夫妇只生一个孩子的报道充斥地方和中央的日报。12 月 18 日,陈慕华在全国各省、市、自治区和全军计划生育办公室主任会议上总结讲话说:"一对夫妇最好生一个孩子,这是从今年以来开展计划生育工作的实践中,总结出来的控制人口增长的好经验。"[20] 陈慕华还是:

> 提倡一对夫妇最好生一个孩子,是我们计划生育工作的着重点转移。过去我们说,"最好一个,最多两个",现在提出来"最好一个",后面那个"最多两个"没有了。这是我国目前人口发展中的一个战略性要求,我们要不断提高对这个问题的认识,并积极宣传,把情况如实地向人民讲清楚。不少地方的经验证明,只要我们把为什么"最好生一个"的道理讲清楚了,群众是会接受的。[21]

1980 年 2 月 2 日,国务院计划生育领导小组等单位联合在北京召开婚姻家庭计划生育新风尚座谈会,国务院隆重派出余秋里、王震、谷牧、陈慕华、薄一波等 5 位副总理出席。会议指出,把计划生育工作重点放到抓一对夫妇最好生一个孩子上,是解决我国人口问题的一项战略任务。陈慕华主管计划生育,所以她是会议的主角。陈慕华讲话说:

> 提倡一对夫妇最好生一个孩子的目的,就是为了使人口增长与物质资料的增长相适应。只有逐步做到城市百分之九十五、农村百分之九十的育龄夫妇只生一个孩子,到本世纪末,我国总人口才能

20　新华社《提倡一对夫妇只生一个孩子》,人民日报,1979 年 12 月 23 日,第一版。

21　《中国计划生育全书》,第 160 页。

够控制在十二亿左右。[22]

　　计划生育部门不分城乡，也无论民族地区地在全国推行"一胎化"的生育政策，普遍引起基层党群关系，干群关系的紧张。中共中央办公厅根据中央书记处的决定，在 1980 年 4 月份召集近 40 位自然科学和社会科学方面的相关专家座谈一对夫妇只生一个孩子的政策。因为第一次会议是在 4 月 7 日召开的，如果考虑到座谈会议的会务准备过程，中央书记处决定召开座谈会的时间无论如何也该是 3 月下旬决定的。新设立的中央书记处 3 月 9 日召开第一次会议，3 月下旬决定就生育政策征求科学家们的意见，充分说明"一胎化"是胡耀邦至为关切的一个重大问题。

　　中共中央办公厅人口问题座谈会最初由办公厅副主任冯文彬主持。冯文彬 1911 年出生，浙江省诸暨人，30 年代曾任少共国际师政治委员，延安时期任共青团中央书记。中华人民共和国成立后，历任团中央书记、团中央书记处书记。1977 年，胡耀邦担任主持日常工作的中央党校副校长以后，调冯文彬任中央党校副教育长。1978 年 12 月，党的十一届三中全会以后，胡耀邦任中央秘书长，副秘书长姚依林兼任中共中央办公厅主任，冯文彬任第一副主任。[23] 冯文彬与胡耀邦从 30 年代在苏区少共中央局交集后，一生中多次又到一起工作，表明两人间的密切关系。

　　冯文彬在 4 月 7 日座谈会的开幕式上说，为了解决我国人口问题，提倡和鼓励一对夫妇只生一个孩子，这个大方针是定下来了。在贯彻这个方针的过程中，干部群众中议论较多。有人说两对夫妇各生一个孩子，将来结婚后生育一个孩子，这样两个劳动力就要抚养 4 个老人，一个孩子。还有人说青少年犯罪中独生子女比例高，独生子

22　新华社《提倡一对夫妇生一个孩子 国务院计划生育领导小组等单位召开婚姻家庭计划生育新风尚座谈会》，人民日报，1980 年 2 月 3 日，第一版。

23　百度百科：《冯文彬》，http://baike.baidu.com/view/313648.htm。

女中低能儿的比例也较高，独生子女中女多男少，有的人还担心今后的兵源问题等。计划生育工作中也存在有宣传不够深入，有的地方搞强迫命令，医疗技术没有完全过关等方面的问题。中央书记处在讨论这个问题时建议召开一个座谈会，征求各方面科学家的意见。今天请各方面的专家来，就是要讨论这个问题，如何既能达到控制人口增长的目标，又能避免或妥善解决由此而造成的某些不良社会后果。[24]

座谈会在 7、9、12、30 日一共开了 4 次，其中 7 日、30 日是首、尾的 2 次大会，9 日、12 日的 2 次为分组座谈。按照冯文彬在开幕式会议上的说法，鼓励和提倡一对夫妇只生一个孩子已经作为党的一项方针确定下来了。但是，在执行的过程中听到各种议论，中央书记处希望倾听一些科学家的意见。会议期间，冯文彬还就如何向中央书记处起草报告召集过 2 次会座谈。但是，从最后给中央的报告不是以中央办公厅人口问题座谈会而是以国务院计划生育办公室的名义，以及冯文彬 4 月 30 日的大会讲话分析，座谈会并没有达到预期的目的。之所以如此，从会议的名单以及会议的开法不难发现，所谓中央办公厅人口问题座谈会，实际上只有冯文彬一个人属于中央办公厅，包括主任和副主任在内国务院计划生育办公室先后11 人参加会议，包揽了会议会务。所以，会议实际上是依靠国务院计划生育办公室主办的，参加会议的所谓科学家也是由国务院计划生育办公室邀请的与其一直有工作关系的妇产科、泌尿科、遗传医学、女性生殖、儿童保健以及北京相关大专院校和研究单位从事人口与计划生育技术研究的科研人员。要知道，从 50 年代初中期由政府开始提倡计划生育以来，一直到召开这次会议，期间 20 多年，这一工作一直是挂靠在卫生部妇幼保健司，由妇幼保健司承担具体的指导和管理工作。所以，参加这个座谈会的人员，基本上都是与国务

24　梁中堂自存档案资料，1980040705，人口座谈会秘书组：《人口问题座谈会情况简报》（一）。

院计划生育办公室有长期业务关系的单位和个人。1979 年，为了落实华国锋在五届全国人大一次会议和二次会议上提出的人口目标，国务院计划生育领导小组及其办公室提出"一胎化"的政策，座谈会议再由国务院计划生育办公室主持邀请与他们有工作关系的单位和个人征求意见，不用说绝大多数人对于这一历史上从未出现过的政策难以回应，即使有人对此有不同的意见，当着在一定程度上领导和制约着他们业务的领导机关的领导同志，他们又能说什么呢？

鉴于冯文彬作为中共中央办公厅副主任，在一个月的座谈会期间随时都可以把会议的情况向胡耀邦做出汇报，而国务院计划生育办公室以及参加会议的人员坚持讲述必须实行"一胎化"的道理，已经很难听到如此下去会引起什么后果的意见，所以，冯文彬已经放弃了主持給中央书记处的报告，改由国务院计划生育办公室向书记处报告。另外，冯文彬在大会讲话中婉转地说，中央非常关心计生工作，书记处希望听到各方面专家的意见，集思广益。但是仅就计划生育讲计划生育是不够的。计生工作最主要的是搞好宣传教育，大力宣传避孕，解决避孕问题。同时要研究生下的一个孩子，提高质量，健康成长，并解决婴幼儿、青少年的培养教育及老有所养等实际问题。只有解决好这一系列问题，才能消除人们的顾虑。

冯文彬说，计划生育工作搞得好不好，关系到国家的安全团结。目前有些地方因此出现了新的不安定团结的因素，搞得人心惶惶，值得注意。计划生育是个政治问题，牵连到家家户户，牵连几亿人民利益，关联到安定团结，关联到四化。人多了影响四化，计生工作搞得不好，产生副作用，也要影响四化。

他着重指出，对于在实行"一胎化"过程中出现的副作用，不能掉以轻心，要引起重视。要制定一个全面的人口政策。计生问题要全面考虑，要切合实际，要合情合理。控制人口增长的前提是不能动摇的，但如何控制要进行研究，要提出一个较为妥善的方案来。[25]

25　梁中堂自存档案资料，1980040708，人口座谈会秘书组：《人口

　　冯文彬的以上讲话，应该看作是反映了胡耀邦的意见，特别是有关"计划生育是个政治问题"和在实行"一胎化"过程中出现的副作用不能掉以轻心，以及计划生育问题要全面考虑，要切合实际、合情合理，要制订一个较为妥善的、全面的人口政策，都该是胡耀邦的意见，因为这也是从 1980 年到 1986 年，尤其是 1982 年党的十二大以后胡耀邦担任中共中央总书记期间，胡耀邦对计划生育认识的核心思想。

　　进一步反映胡耀邦对计划生育的认识和态度，是 1980 年 6 月 26 日的中央书记处会议。1980 年 4 月份的计划生育座谈会，是由中央办公厅副主任冯文彬出面召开的，所以，陈慕华始终都未出面。这次由胡耀邦主持的中央书记处会议，则主要听取陈慕华的汇报和讨论计划生育问题。显然，胡耀邦还是希望亲自听取一些科学家的意见。所以，在陈慕华关于人口和计划生育工作的汇报之后，请宋健发言。据说，宋健在发言中说，若不实行"一胎化"，不严格控制人口，地球上将无法安放人类，人类也不得不吃细菌。

　　胡耀邦在会议中说，计划生育是一个关系全局的战略问题，解决这个问题是长期任务，是我国的大政方针。人口基数很大，增长速度又太快，是我国的一个特殊问题，它的产生，同我国长期是封建社会有关，同我们在一段时间中认识上的错误有关，也是我国科学不发达的后果，因此各级党委都要把控制人口数量同发展物质生产当作同等重要的工作来抓，列入发展国民经济的长远规划，加强对计划生育工作的领导。

　　胡耀邦说，从 70 年代开始，计划生育工作取得了很大成绩，使人口自然增长率逐年下降，初步扭转了人口猛增的局面，这一条必须充分肯定。近年来计划生育工作中出现了严重强迫命令现象，引起群众不满，必须坚决克服。胡耀邦说，应当明确，人口一定要严格控制，决不能有任何松劲情绪，但控制人口不应采取强迫命令的办

问题座谈会情况简报》（四）。

法，应该依靠强有力的政治思想工作，切实可行的经济政策和技术措施，特别是依靠全体共产党员、共青团员的模范带头作用。

为此，胡耀邦建议就计划生育问题发表一个中共中央委员会告全体党员、青年团员和全体干部书，在这个文件内，把计划生育的意义和道理讲清楚，说明这是一项移风易俗的思想革命，是为子孙后代着想，是为子孙后代造福，是关系到四个现代化的大事，是关系到中华民族前途和命运的重要问题，要在全国范围内开展。计划生育问题的讨论，动员全体党员、团员、干部积极响应党中央的号召，起模范带头作用。

胡耀邦还提出，要充实加强计划生育工作的领导机构，建立一支有足够数量的技术过硬的计划生育专业队伍，加强对节育技术和药具的研究，把提高节育技术和药具质量作为大事来抓，不断提高技术水平，提高节育药具的质量，对已经证明安全有效的节育药具应由最好的工厂制造，用最好的原料，生产最好的产品，亏损由国家补。

会议提出，要制定计划生育法，争取在8月即将召开的五届人大三次会议上通过婚姻法时通过计划生育法，并建议人大会议期间作一个关于计划生育的报告。

和很久以来人口学界宣传的中央以"公开信"的形式宣布实行"一胎化"政策截然相反的情况是，会议根本就没有承载这方面的信息。相反，中央书记处显然不同意当时从经济上对人们的处罚，也不同意扩大奖励的幅度。会议对陈慕华汇报提纲中要求中央书记处给予解决的几个问题做了相反的答复，譬如关于限制人们生孩子的数量，会议决定先在财经领导小组讨论，再提到书记处讨论一次。会议还要求停止当时在计划生育工作中扣发工资、工分、不提级、不发奖等经济政策或办法，认为这样做违反按劳分配原则，脱离群众，可以另想一些妥善的限制办法。会议还认为，奖励办法也不要再扩大了，过去宣传过的奖励政策不要轻易改变，请国务院经过调查研究制定一个切实可行的政策，关于计划生育各项经济政策在长期规划中统盘考虑。[26]

　　分析这次会议之所以没有对计划生育政策做出实质性决定的原因，一方面是因为胡耀邦刚主持中央日常工作，对一些具有全局性的政策还没有形成比较成熟的意见。另一方面，邓小平联手陈云解决华国锋的问题才刚刚开始，作为邓小平的左膀右臂的胡耀邦当然懂得，一切都需要以此为大局。

　　同一时期，走到国务院总理位置上的赵紫阳，也在计划生育工作上有所贡献。1981 年 3 月 6 日，全国人大常委会通过国务院的审议案，决定撤销具有临时性机构的国务院计划生育领导小组，同时在国务院设立国家计划生育委员会，统一管理全国的计划生育工作。国务院计划生育委员会的设立，标志着管制国民生育行为的计划生育制度的形成。

26　1980 年 6 月 26 日中央书记处会议情况，梁中堂室藏人口与计划生育研究资料，1980062600，《一九八零年六月二十六日书记处会议》。

第四节

1981 年 9 月 10 日，赵紫阳在中央书记处 122 次会议上提出允许农民生二胎和生了一个女孩的农民可以再生一个的两种政策方案。会议决定，请陈慕华根据书记处讨论的决定，走走群众路线。陈慕华按照第二方案从紧掌握的原则，代中央草拟了一份文件，这就是 1982 年中央 11 号文件。其政策部分，即被表述为现行生育政策的主要内容：城镇一对夫妇只生育一个孩子，农村某些群众确有困难要求生二胎的经审批可以有计划地安排（"女儿户"的特殊表述），少数民族可适当放宽

1980 年 11 月 10 日到 12 月 5 日的政治局会议上，华国锋辞去党中央主席和中央军委主席职务，由胡耀邦暂行主持中央政治局常委和政治局工作，邓小平主持中央军委工作。华国锋问题基本解决，决定我国 80 年代党和国家命运的"邓小平—胡耀邦赵紫阳"领导组合基本形成，制订新的生育政策被提到了议事日程。1981 年 4 月 11 日，中央书记处书记胡乔木给陈慕华打电话通知说，自从农村实行联产计酬、包产到户的责任制以来，农村的计划生育工作出现了新情况，原来控制人口的一些办法不行了，农村人口出生率已是大幅度回升的趋势，这将给今后经济建设和社会发展带来不利的影响，其后果难以预料。建议国家农委和计划生育委员会在调查研究的基础上，提出控制人口增长的有力措施和政策，报国务院审定下发。[27]担任中央书记处书记职务的胡乔木要求陈慕华将新的政策方案报国

27　梁中堂室藏人口与计划生育资料，1983060000，山西省计划生育委员会：《党的十一届三中全会以来中央领导同志关于计划生育工作的有关重要讲话摘录》，第 14 页。

务院而不是中央书记处，说明中央书记处和国务院、胡耀邦和赵紫阳在计划生育政策问题上已经有过沟通并达到一定共识。

1981 年 6 月 27 至 29 日，十一届六中全会上，胡耀邦当选为党中央主席，赵紫阳、华国锋当选为副主席，邓小平当选为中央军委主席。"邓小平—胡耀邦赵紫阳"领导组合正式确立，胡耀邦立即联手赵紫阳制订新的计划生育政策。9 月 10 日中央书记处 122 次会议上，党中央副主席、国务院总理赵紫阳提出解决农村生育政策的两个方案。为什么是赵紫阳？估计还是 1980 年 6 月 26 日中央书记处会议上，关于生育政策问题，胡耀邦建议交由中央财经小组讨论拿出意见，提交中央书记处讨论意见的延续。我们不知道赵紫阳的意见是否经过了财经领导小组的讨论，以及这次会议上提出的两个方案是否是代表中央财经领导小组。但是，我们知道，自从这次会议提出两个方案并且中央最后通过了以第二方案为核心内容的生育政策以后，赵紫阳在 80 年代就曾几次走到前台捍卫这　政策。

赵紫阳在这次会议上说，有人告诉我，真正在农村不超过两胎，到本世纪末，人口年增长率不超过百分之一。中国能做到这一点，就很了不起了。我们的国民经济年增长率是 4% 以上，人口增长 1%，我们的人口就没有什么危险，就比较稳妥。

赵紫阳说，现在的中心问题是要清楚，农村是否能够实行"一胎化"？他说，我在四川从来没有提过在农村实行"一胎化"。城市里面肯定可以做到，但农村肯定不要开"一胎化"这个"闸"。农村里面要有一个合理的要求，要有一个比较坚定的长期的政策。如果农村政策严重脱离实际，即使一个地方，一个时候，搞出点东西来，但不能持久下去。我跟慕华同志谈过，这是一个大政策，如果我们定政策定到一个不可能达到的基础上，最后会变成严重的自流，人口就会泛滥。农村不能总是长时期定在过去"一胎化"的基础上。不能因为搞计划生育，而不实行生产责任制，把各方面的螺丝都拧得很紧。

赵紫阳说，现在农村的计划生育有两个问题：第一，实行责任制以后，计划生育如何适应新的情况，防止自流状态。现在相当一些地区责任制落实以后，自流了，搞不好，几年之后人口会大泛滥。基层干部撒手不管，你能有什么办法？正是为了解决这个问题，必须在政策上适当地放松，同时又抓紧工作。政策适当放宽，和多数农民取得一致，我们的计划生育还有希望。如果不注意这个情况，结果我们相当一些地区，包括四川，会出现自流。至于政策可以放宽到什么程度，有两个方案：第一，干脆提倡一胎，采取切切实实的办法来鼓励，农村还是有些人响应，可以生一胎。还有一些人因为生理上的原因只能生一胎。还有不能生的。剩下的可以生两个。第一个生女孩子，第二个还生女孩子，再生不行了，群众舆论也通不过。真正做到这一点，农村最多超不过 2%。这样搞可能解决大问题，经过工作，跟相当多的农民站在一起，避免严重的强迫命令。现在我们要注意，真正工作抓得紧的，强迫命令是相当严重的。在中国这么一个国家，全部都只生一胎是不可能的。只强调一胎，命令主义还要大发展。四川的命令主义够严重的，相当一些地区，跑到外地去生，生了以后带回来，你能把她杀了？

第二，也可以考虑另外一个办法，一般的还是一胎，但是第一胎生了女孩，可以同意再生一个。这样讲有个毛病，公开承认重男轻女，好像生女孩子不算孩子。文件上不能这样写，可以用另外一个话，比如说某些思想上实在不通，也可以批准生第二个。

城市生一胎，农村提倡一胎，允许两胎，杜绝三胎，或者农村一般也是一胎，某些思想特别不通的可以两胎（实际上指第一胎是女孩子，还可以生一胎）。

总而言之，为了真正把计划生育工作搞下去，我们的政策必须放在农民能够接受的基础上，避免严重的强迫命令，避免自流。如果政策不符合农民的实际，会从另外一个方面助长自流，基层干部走不通就撒手不管。特别是在农村实行责任制的情况下，如果我们不针对这个实际，定的越严，人口会越多，最后大泛滥，这就是辩证法。搞包产到户，搞责任制以后，根据新的情况，抓紧工作，政策上从农村实际出发，这样下去，人口不一定像刚才讲的那样。应该看到，这几年搞计划生育有点基础了，农民不一定要求多生。

搞包产到户，搞责任制以后，做计划生育工作，除了政治上进行宣传教育外，主要还是经济上的奖励和惩罚。比如独生子女包产可以低一点，田可以多包一点。超过两个，不允许生的生了，经济上罚，要交多少公益金、公积金。甚至可以考虑正式立法，农村超过两胎的，城市超过一胎的，要征一种税。罗琼同志[28]有个材料，如果在农村只准生一胎，独生子女有优待，农村生产队矛盾解决不了，生产队的负担也吃不消。有些可以生两胎，有些可以生一胎，经济上负担不一定那么大，矛盾也少。

胡耀邦主持书记处会议，他说，关键是这么个问题。"一胎化"，开始就有争论，现在也有不通，突出反对的是谭老板[29]，妇联也反对。所有同志都赞成计划生育，城市生一胎也没有问题，主要是农村定在什么线上？现在是畏难情绪很重。我今年四月到浙江，他们说，计划生育开展不了。紫阳、万里同志提出这么个观点，我觉得值得考虑，就是我们的政策定在大多数群众不接受的基础上，必然走到反面。调高而和寡，现在不是和寡的问题，是反抗的问题，使我们广大干部不敢去抓，使广大做计划生育工作的同志很为难。计划生育委员会心是好心，做了许多工作，这个要肯定。现在根据新的情况，根据实行的结果，走不通，反而使计划生育工作会有流产的危险，为着使计划生育更好地贯彻下去，我赞成城市里面不要松动，就是"一胎化"，重点就是农村，提倡一胎，允许两胎，杜绝三胎，要采取一点经济措施。

胡耀邦继续说，要把我们的政策建筑在可行的、广大人民能够接受的基础上，口号　明确，我们全党上上下下，鼓足勇气，理直气

28　罗琼（1911-2006 年），妇女社会活动家。时任全国妇联书记处第一书记、全国妇联副主席。

29　谭老板，即谭震林（1902-1983 年）。曾任中共中共第八届中央委员、中央书记处书记、中央政治局委员、国务院副总理，时任全国人大常委会副委员长。

壮地干。调子太低也不好，调子太高也不好，要实事求是。

继王任重、谷牧等发言支持赵紫阳、胡耀邦的意见之后，赵紫阳继续说，我的基本观点，在中国现在这种情况下，发展中国家，农民占绝大多数，只要本世纪增长率减到 1%，到下一个世纪，人口就不会再增加。关键是这个世纪，只要不超过 1%，经济上没有问题，在中国这个国家，我们硬是要减到 5‰、6‰，本身就不是实事求是，脱离中国实际。如果中国这个国家还是 2%、4%，中国没有前途。如果农村真正杜绝了三胎，一定不到两胎，城市一胎，或者一胎多一点，基本上一胎，这样，递增率我估计不会超过 1%，整个发展中国家 2%以上，如果我们减到 1%，就很了不起了。

胡耀邦接着说，关键总要使群众能够接受，干部敢抓。现在我们遇到这么一个困难，多数群众不接受，多数干部不敢抓。最大的问题，很多党委撒手不管，我们的调子太高。

胡耀邦说，今年 11 月要开工作会议，各省、市会尖锐提出这个问题。现在放任自流的状况比去年更发展了。我是倾向于城市不变；农村里口号怎么提，不要搞难于掌握的东西。政策要非常通俗易懂，为广大群众、干部容易掌握。过去有一种习惯，征公粮，本来要八千，层层加码，要一万一。这几年，我们实际上废除了这个方法，把政策交给群众。政策要为全党、全国人民绝大多数或者 80%的赞成，我们就大张旗鼓，理直气壮去干。不放在绝大多数能接受的基础上，也不理直气壮，统一的口号很难。一个城市、一个农村，一个人口特少的少数民族，口号要非常明朗，简单易行。为什么农民喜欢大包干？"大包干，大包干，直来直去不拐弯。"凡属广大人民的口号、要求、措施，简便易行是最好的办法。

胡耀邦说，原则上通过这一条，农村里的计划生育政策适当放宽，或者灵活点走这个路子。否则，办不通。要求过高，反而从反面助长自流，计划生育的目的达不到。出发点是使计划生育更好地贯彻下去，为了保护这个事业。

"公开信"是我提出来的，当时一方面看到思想不通，一方面看到强迫命令很厉害。计划生育的成绩要肯定。不是说计划生育不重要，现在担心难以为"计"，一个是群众跑反，一个是干部不管。

习仲勋在会议上说，计划生育一定要抓紧。同意紫阳同志的第一个方案，要立法，杜绝第三胎。[30]

会议决定，请陈慕华根据书记处讨论的意见，走走群众路线，找有关的专家和基层同志，讨论一下这个问题，10月底拿出一个简明扼要的文件，先发给各省、市、自治区党委征求意见，然后在11月中央工作会议上，再征求各省、市、自治区党委书记的意见。我们的政策要建筑在切实可行、能为广大群众接受的基础上，要通俗明了，简便易行。有了这样的政策以后，全党上上下下，就要鼓足勇气，大张旗鼓，理直气壮地去做工作。[31]

在中央书记处召开122次会议的时候，国家计划生育委员会召集的各个省、市、自治区党委分管计划生育工作的副省长（副市长、副区长）或者党委副书记和计划生育委员会主任参加的计划生育工作会议，正在北京召开。陈慕华将中央书记处122次会议精神在会议上作了传达。可能是赵紫阳改变一胎化政策的两种方案遭到了强烈反对，1981年9月12日，即中央书记处122次会议的第三天，赵紫阳在一张没有印制机关名字的白纸上，给胡耀邦写了几句话。

耀邦同志：看了计划生育快报。为了这个问题全党有一个统一的正确的认识，可否这次会议不作最后定案，由各、省市同志先回去在省委、市委传达讨论一次，然后再集中定案。如您同意，可批给慕华同志。

敬礼

30　有关1981年中央书记处会议资料，除了特别注明以外，均来源于自存档案资料，1981091001，《赵紫阳、胡耀邦等同志在中央书记处第122次会议上关于计划生育问题的发言》。

31　梁中堂室藏人口与计划生育研究资料，1981091002，中央会议决定事项通知。

赵紫阳

（一九八一年）九月十二日

胡耀邦在赵紫阳的便函下方批示说：

同意紫阳同志的意见，请慕华同志按此办理。

胡耀邦[32]

为了更清楚地了解赵紫阳和胡耀邦的这个批件的具体背景，2010 年，笔者在写《论公开信》的时候，曾分别托付了几位还在职的国家计划生育委员会的朋友查找国家计划生育委员会召开的这次会议的资料，不想，国家计划生育委员会的档案室里根本就没有这次会议的任何文件。

笔者手上还有一份山西省计划生育办公室（山西省当时还未设置计划生育委员会）1981 年 10 月 7 日给省委常委的汇报提纲。从内容上分析，应该是参加的那个被赵紫阳提议提前结束的国家计划生育委员会召开的会议的同志，向省委的报告。

汇报提纲分两个大问题，一是"我省计划生育工作的情况和问题"，二是"我们对中央书记处第 122 次会议，关于计划生育工作指示的意见"。关于后一个问题，汇报提纲说：

首先，我们认为中央领导同志的讲话很及时，很必要，指出了当前计划生育工作中存在的问题，提出了解决的两个方案。考虑深远，实事求是，总的精神是为了把计划生育工作做的更好。中央领导的讲话，把"公开信"提的计划生育政策具体化了，为更好地落实"公开信"指明了方向。

我们的意见是同意赵总理提出的第二个方案……

32　梁中堂室藏人口与计划生育研究资料，1981091200，赵紫阳给胡耀邦的一封信。

汇报提纲最后说：

另外，我们建议，在提法上不要用"放宽""允许"生二胎的字样，不要提和"公开信"不一致的口号，可以在"符合政策有实际困难"上做文章。写"有计划地安排二胎"。[33]

从国家计划生育委员会后来操作的过程与结果看，山西省计划生育办公室给省委的汇报内容与口径，事前是经过国家计划生育委员会统一了口径的。

我们继续交代陈慕华是如何工作的。

中央书记处 122 次会议以后，国家计划生育委员会党组根据中央指示精神，先找了部分省、市委书记座谈，并按照第二方案从紧掌握的原则，代中央草拟了一个文件，[34] 征求各个省、市、自治区党委的意见。12月，又在中央召开的省市自治区党委第一书记会议期间，国家计划生育委员会又召集第一书记进行了座谈讨论。根据国家计划生育委员会给中央的报告，多数主张第二方案，少数主张第一方案。[35] 1982 年 2 月 9 日，中共中央国务院联合颁发中央 11 号文件《关于进一步做好计划生育工作的指示》。关于生育政策，文件中说：

国家干部和职工、城镇居民，除特殊情况经批准者外，一对夫妇只生育一个孩子。农村普遍提倡一对夫妇只生育一个孩子，某些群众确有困难要求生二胎的，经过审批可以有计划地安排。不论那一种情况都不能生三胎。对于少数民族，也要提倡计划生育，在要求上，可适当放宽。具体规定由民族自治地方和有关省、自治区，根据

33　梁中堂室藏人口与计划生育研究资料，1981100700，计划生育汇报提纲（向省委常委汇报）。

34　《国家计划生育委员会副主任周伯萍在八省、市计划生育工作汇报会上的讲话》（节录），《计划生育全书》，第 707 页。

35　《国家计划生育委员会副主任周伯萍在八省、市计划生育工作汇报会上的讲话》（节录），《中国计划生育全书》，第 707 页。

当地实际情况制定，报上一级人大常委会或人民政府批准后执行。[36]

　　引文中"农村……某些群众确有困难要求生二胎的"，是根据国家计划生育委员会党组的建议，特指农村中的"独女户"家庭。[37] 以上内容，即是直至 2015 年中央"普遍二孩"以前在全国各地实行的现行的计划生育政策。现行的计划生育政策，是 1984 年 4 月 5 日中央书记处办公会议以后，中央发给国家计划生育委员会党组的一份内部通知中对这一政策所表述的语言。[38]

　　所以，党中央国务院颁发的 1982 年中央 11 号文件，说到底，也是在国家计划生育委员会主任陈慕华主导下，在赵紫阳提出的二个政策方案里二选其一决定的。

36　中共中央国务院：《关于进一步做好计划生育工作的指示》，《中国计划生育全书》，第 19 页。

37　国家计划生育委员会党组在给中央的报告中说："对于中央文件中是否要写明'只有一个女孩的夫妇可以再生一个'，有两种不同的意见。一种认为，写明好，否则基层干部不好掌握；多数认为，中央政策要直接和群众见面，写明了会进一步助长重男轻女思想。我们同意后一种意见。各地农村生第二胎的比例，本着从严掌握的精神，由各地根据具体情况安排，指示中就不要写生育二胎的比例数了。"梁中堂室藏人口与计划生育研究资料，1982020900，中共中央办公厅《转发〈关于计划生育工作的汇报〉》，第 6 页。

38　梁中堂室藏人口与计划生育研究资料，1984040500，《中央会议决定事项通知》。

<h1 style="text-align:center">第五节</h1>

1982 年 10 月经中办发 37 号文批转的 1982 年 8 月 16 日《全国计划生育工作会议纪要》，是一份取代中央 11 号文件的"红头文件"。1982 年 8 月 18 日，赵紫阳：你们各省都有一些办法和规定，……我主张稳定，现在就按各省自己定的办。他还说，控制人口是我国的一个很大的问题，一个重大方针，要作为我们的基本国策定下来……

中央 11 号文件颁发以后，调整了国家计划生育委员会的领导班子，继陈慕华之后由钱信忠担任国家计划生育委员会主任。钱信忠，文化大革命以前历任国家卫生部副部长、部长。1964 年，卫生部副部长钱信忠即在上海市蹲点抓计划生育工作，总结出至今仍然实用的"一胎上环、二胎结扎"并"辅之必要的"人工流产等计划生育工作的基本经验。1965 年，钱信忠曾受到毛泽东的接见，深谈卫生制度改革和计划生育工作。同年 10 月，担任卫生部部长的钱信忠给党中央写有《有关计划生育的几个问题》的报告，作为指导计划生育工作的重要文件，经中央 1966 年 1 月批示后计划生育工作延展至全国的农村地区。1979 年，钱信忠重新担任卫生部部长以后，也是以国务院副总理陈慕华为主任的国务院计划生育领导小组的副组长。他在 6 月召开的五届全国人大二次会议上，发言附和陈慕华的"一胎化"政策，提出如果实现华国锋政府工作报告中所要求的 1985 年把增长率降低到 5‰的人口目标，当年净增的人口应该降到 500 万左右，所以必需要求一对育龄夫妇只生一个孩子。[39] 1981 年 3 月，全

39　新华社：《控制人口的战略任务一定要完成——人大代表谈控制人口实现四化》，人民日报，1979 年 7 月 1 日，第四版。

国人大常委会通过决议组建国家计划生育委员会以后，中共中央又任命钱信忠以卫生部部长的身份兼任国家计划生育委员会第一副主任，协助陈慕华的工作。所以，1981 年 9 月 10 日中央书记处 122 次会议到 1982 年 2 月中共中央国务院《关于进一步做好计划生育工作的指示》制订出现行的计划生育政策，钱信忠应该是参与其中的。

　　1982 年 5 月 4 日，五届全国人大常委会第 22 次会议通过任免程序，任命钱信忠为国家计划生育委员会主任。但是，按照当时党的干部任命程序，人大或者政府任命以前，干部实际已经到职工作了。所以，钱信忠至少是在该年 4 月份走马上任担任计划生育委员会主任的。[40] 中国共产党一直有一项不成文的规矩，即大凡党中央有了重大政策出台，主管该项工作的党组织一定须立即召开全国会议传达贯彻。中共中央国务院《关于进一步做好计划生育工作的指示》是 1980 年 2 月 9 日颁发的，按照惯例，贯彻文件基本精神的会议至迟也该在 3 月份召开。考虑到因为受到国家计划生育委员会主任的人事变动因素的影响，这个会议的时间安排无论如何也不应该拖至 4、5 月份以后（其中不排除时任国家计划生育委员会主任陈慕华具有抵触情绪而有意拖延要把贯彻落实的工作推给继任者）。因为钱信忠在此以前就是国家计划生育委员会第一副主任，应该参与了中央 11 号文件的制定过程，如果主观上取积极贯彻中央 11 号文件的态度，从技术层面来说，由他主持召开全国性的计划生育工作会议不该历经了漫长的等待，以至传达贯彻中央 11 号文件的全国会议一直到 8 月中旬才在北京召开。从 1982 年 2 月 9 日中央 11 号文件颁发到 8 月 10 日召开，期间历经了长达半年的时间。更为重要的是，这次会议实际改变了中央 11 号文件中以"女儿户"为核心的生育政策，令人

40　钱信忠在 1983 年的一次会议上说："（一九八二年）四月份，中央决定我负责计划生育工作以后，组织机关同志进一步学习……"，说明钱信忠在 1982 年 4 月份已经到达国家计划生育委员会主任的工作岗位上。自存档案资料，1983010600，《钱信忠同志在全国药物年堵绝育技术科学讨论会以上的讲话》。

有理由推断钱信忠在期间一直在中央层面寻求一个取消中央 11 号文件的替代方案。

对比 1982 年中央 11 号文件和中办发 37 号文件，首先，钱信忠不再承认与中央在"女儿户"的文字表述所达成的共识，而是在中央 11 号文件中"农村……某些群众确有困难要求生二胎"文字所通常的含义上做文章。国家计划生育委员会报告中央的《全国计划生育工作会议纪要》说，中央 11 号文件下达之前，各省、市、自治区曾规定了三种情况可以生育二胎：(1)第一个孩子有非遗传性残疾，不能成为正常劳动力的；(2)重新组合的家庭，一方原只有一个孩子，另一方系初婚的；(3)婚后多年不育，抱养一个孩子后又怀孕的。在贯彻 11 号文件的过程中，各地对农村又新增加了四五种或六七种，主要有：(1)两代或三代单传的；(2)几兄弟只有一个有生育能力的；(3)男到独女家结婚落户的；(4)独子独女结婚的；(5)残废军人，(6)夫妇均系归国华侨的；(7)边远山区和沿海渔区的特殊困难户。按照中办发 37 号文件批转的这个"纪要"，全国各地的计划生育普遍执行以上 10 个允许生育二胎条件的政策，而不是 11 号文件的"女儿户"政策了。

其次，钱信忠并不以此为满足。"纪要"以我国地域辽阔，情况差异很大为由，要求各地已有的规定，在能够完成国家人口规划和本地区人口规划的前提下，要稳定下来，一般不要再作变动。

"纪要"还说，各级领导要调查研究，探索规律，争取两年左右的时间研究制定出既能有效地控制人口，又比较切合实际的条例或法律。言外之意，中央 11 号文件所提的政策，并不是"比较切合实际的条例或法律"。

问题并不在于以钱信忠为主任的国家计划生育委员会不承认"女儿户"政策，奇怪的是中共中央和国务院不仅都同意了钱信忠的要求，而且还于 1982 年 10 月 20 日以中央办公厅和国务院办公厅的名义批转了承载以上政策精神的《全国计划生育工作会议纪要》，这等于中央用一个由中央办公厅和国务院办公厅批转的新的"红头文件"替代了 8 个月前由中共中央国务院颁发的中央 11 号文件。

由于钱信忠从 4 月份接替陈慕华以后，一直谋求一个新的中央文件，这与共产党坚决执行党的政策、服从党的决议的组织原则是严重不符合的。也许是这个原因，8 月 10 日至 16 日在北京召开全国计划生育工作会议的时候，党中央和国务院都没有派出相关的领导参加会议，这在那个举国上下都把人口问题看得异常严重、也都认为计划生育工作特别难做从而坚决支持计划生育工作的时代里是绝无仅有的。此外，中共中央和国务院对国家计划生育委员会于 8 月 16 日会议结束的当天就报送中央的《全国计划生育工作会议纪要》，一直拖到 10 月 20 日才予以批转。这对于胡耀邦主持中央书记处工作期间，以讲究机关办事效率的作风也是不相符合的。以上反常的情况，一方面说明钱信忠在召开会议前将取代中央 11 号文件的各项准备工作做得都很充分，其中包括谋求一份新的"红头文件"是早有准备的。另一方面，胡耀邦和赵紫阳也意识到了钱信忠的作为是与中央 11 号文件精神不符的，在顺从钱信忠的做法上是有所犹豫的。

更令人不可思议的是，作为"女儿户"政策提出者的赵紫阳不仅同意了暂不执行刚刚颁发的以"女儿户"为核心政策的中央 11 号文件，而且为此还在全国的计划生育干部面前讲了话、表了态。1982 年 8 月 18 日，全国计划生育工作会议结束后的第 3 天，赵紫阳将会议代表请到中南海听取了汇报，并讲话说，中央 11 号文件下去以后，你们各省都有一些办法和规定，刚才不是讲 4 种情况嘛，我主张稳定，现在就按各省自己定的办。——各省都按自己定的办，就是同意不执行以"女儿户"为核心的中央文件了。

可见，钱信忠不执行中央 11 号文件，赵紫阳还是同意了的。他说，控制人口是我国的一个很大的问题，一个重大方针，要作为我们的基本国策定下来，长期地持续地真正地贯彻下去，10 年、20 年、50 年地做下去。——基本国策，是赵紫阳最先讲出来的。

赵紫阳还说，控制人口，关系到我们国家的四个现代化，对四个现代化的前途有重大的影响；也关系到我们政治和社会的稳定。如果不控制人口，中国四个现代化就会遭到绝大困难。可以这样说，我国四化建设的方针也好，政策也好，要真正能够取得好的效果，重要的条件之一，就是要控制人口。没有这样一个基本的条件，其它再好的政策都很难收到满意的效果。

中国人口不控制不行。这是一件非抓不可的大事，决不能放松，我们现在制定的长远规划，不仅是经济规划，而且要搞经济、社会发展规划。社会发展规划的主要内容就是围绕着人口问题来考虑，如教育、卫生、住房、交通等都与人口问题密切相关。

赵紫阳说，我们现在人口太多了，必须看到人口问题的尖锐性、紧迫性。中国有960多万平方公里的土地，但东半部和西半部情况不一样。只一般地讲960多万平方公里、10亿人口，还不能说明中国人口问题的尖锐性、紧迫性，还要看到大约94%的人口，住在东半部的480万平方公里的土地上，另外6%的人口，住在西半部的480万平方公里的土地上。这里面还可以进一步分析。如四川省面积有57万平方公里，有9000多万人，其中有7000万人口住在10万平方公里的四川盆地里。从全国看，大概有4、5亿人口住在很狭小的地方，比如珠江三角洲、福建东南部、浙江、胶东、辽东等沿海地区，人口很稠密，住得非常挤。中国的基本情况，第一叫做人口多，耕地少，适合开垦的耕地也很少；第二，我国的农业资源总的来讲是丰富的，但按人平均还是有限的，不能够说是很多的。人口太多，吃饭、住房都是大问题。展望10年、20年，食物构成不会有很大改变，粮食还是第一位的问题，如果吃不饱就会影响人民的身体素质。人口太多，普遍地实施教育就有很多困难，更不要说普及中等教育了。这就会使中华民族的文化水平受到影响，人口素质受到影响。

总之一句话，中国人口不能过多地增长，增加那么多不得了。我们一定要力争到本世纪末把人口控制在12亿以内。是不是能够控制到12亿，关键是要看我们的工作。

谈到中央11号文件，赵紫阳说，中央11号文件的基本精神，不是放松计划生育，而是要把我们的政策建立在能够行得通、能够取得好的效果的基础上。中央11号文件怎么正确理解呢？我的理解，不是放松计划生育，而是为了使计划生育、控制人口能够真正长期坚持下去，把我们的政策建立在比较符合实际的基础上，建立在行得通的基础上，要使多数人支持，至少相当一部分人支持。任何一项政策没有群众基础是行不通的。如果一下让7、80%的人成为积极力量不可能，但至少要有3、40%的人是积极力量，再团结一部分，就能形成一种舆论。这样，我们计划生育的路子就好越走越宽。随着科学教育事业的发展，人民文化程度、思想觉悟的提高，医疗、避孕药具供应的改善，计划生育就会逐渐变成中国人民的一种习惯。

赵紫阳说，有的人担心计划生育稍微放宽一点就可能收不住，结果证明放宽一点能更好地贯彻。山东的同志说得好："开了小口子，堵了大口子；开了前门，堵了后门。"我看这个思想很重要。现在我们有些人还有点迷信，好像政策稍微实事求是一点，就怕什么浪潮啦。你不实事求是，靠"霸蛮"的办法，靠搞计划生育的同志在那里"坐催"，我看是不能持久的。这样搞，干部在农村也很孤立。那种担心开了口子会收不住的想法，是多余的。问题在于我们要把工作做好。

我们的政策要定得适当，合情合理，特别是在那些比较落后的地方。政策合理一些，能够得到多数人的支持，在农村又形成了一种舆论，少数人完全无计划生育的问题也容易解决。政策如果不放在能够做得通的基础上，就不能持久，结果会助长超计划生育。我相信，应当解决的问题干脆给他解决了，把各项工作跟上去，那么超计划生育的就可以大大减少。现在有些地方计划生育只是在公社以上讲，到村里根本没人听你的，那里完全没计划，还是自流状态。形成自流状态一般有两种情况：一种是领导不重视，对计划生育的重大意义不认识，工作抓得不紧，这个就是领导的问题，工作的问题。还有一种情况，就是要求太高太急，同群众距离太远，结果没法贯彻，欲速则不达。

考虑人口政策、生育政策，既要看到问题的尖锐性和紧迫性，又要瞻前顾后，不能光顾目前。人口老化问题可以不要那么担心，但是我们一定要看得远一点。比如，从长远来讲，男女的比例问题还得考虑，还有每一家如果都只生一个孩子，将来赡养人口也不能说不是一个问题。这些都是领导上要思索的问题，不必宣传，也不能因此而影响我们的决心，现在还是要狠抓计划生育，严格控制人口，还是要提倡一对夫妇生一个孩子。

赵紫阳还说，中央 11 号文件下去以后，你们各省都有一些办法和规定，刚才不是讲 4 种情况嘛（指农村生育政策全国有 4 种执行情况），我主张稳定，现在就按各省自己定的办。各地的现在规定，将来证明可能有的严了一点，有的宽了一点，宽或严，反正现在都不动，就按照这个去做。在做的时候，领导机关要探索、研究、分析，经过两年或更多一些时间，能不能立个计划生育法。这个法根据不同的地区不同的情况，定出什么人可以生一胎，什么人可以生两胎；就是在同一个农村里，什么人可以生一个，什么人可以生两个，都必须明确地立法。立了法不能装在葫芦里，要公开宣布，使大家心中有数。这样，政策定得合理，就能得到大多数人的拥护，超计划生育的可以大大减少。你只应当生一个，生了两个，你就违法。他不应当生两个，干部允许他生两个，那也是违法。要是他本来有条件生两个，你不让他生，他可以告状。没有法不行，有法不公布也不行。去年讨论这个问题的时候，搞计划生育的同志都主张把这个主动权放到下边去。作为一个过渡办法，我是赞成的，现在只能这样。但是，这个主动权都交给基层干部，就可能出现一些问题。他可能首先把生二胎安排给自己家里，安排给他的亲朋好友；有些同他关系不好的，明明人家够条件生二胎，他就不让生。你执行政策不公，人家就不听你那　套。基层干部如果掌握上有亲疏，不公正，就容易引起矛盾激化。

少数民族地区也要因地制宜搞计划生育，但要适当放宽。

赵紫阳认为，要总结农村实行责任制后，如何搞好计划生育工作的经验。农村实行责任制以后，怎样使计划生育能够适应，工作能够跟上，需要总结这方面的经验。农业生产责任制一搞，人们的积极性起来了，但是不要因此使计划生育出现自流，造成人口泛滥，把责任制带来的好处抵消了，甚至还会出现负数。现在看来，情况还是好的，创造了一些好的经验，听了这个消息很高兴。"两种生产一起抓"的经验要总结，好的经验要介绍。

中国的情况很复杂，农村和城市就不一样，沿海地区和边疆地区也不一样，文化水平、经济状况、工作基础都不一样，差异很大。为什么在城市一胎就容易被接受呢？无非是城市人民文化水平高一点，又是靠工资吃饭。拿工资的人要算算账，反正一个月工资就是50元、60元，多养一个孩子就多花掉2、30元。农村就不一样，我们讲人多生活差，而农民的实际经验是人多了还比较好办事，现在许多地方实行生产责任制就是按人口平均包地。当然和开始搞计划生育时也不一样了，现在农民要生很多的孩子，也不行了，首先他自己就不好意思，其次也没有很多人支持，这两年农民的思想是有相当大的变化的，舆论在农村变了。这是我们计划生育的伟大成绩。

实际困难还是要照顾的，完全不照顾，硬干是不行的。在一些地方，生育政策如果规定的太严了，或者那里的经济、文化、工作基础差一些，他要是第一个生的是女孩子，就可能要溺婴、弃婴，反正他要生一个男孩子。当然这些问题我们也不要夸大，但是很值得注意。

计划生育是移风易俗的事，过去要求又这么急，工作中间发生一点命令主义是可以理解的，不要大惊小怪，不要过多的责备。但是也不能听任这样下去，还得想办法从各方面逐渐减少这种事。

赵紫阳还认为，搞好避孕药具的科研、生产和供应，这是搞好计划生育的一个重要保证。他说，认真做好避孕工作，是减少"霸蛮"的一种办法。药具问题如果能真正搞好，就会减少阻力，减少后遗症。避孕药具的科研、生产、供应是一个非常大的问题，如不大力抓好，计划生育工作就会增加很多阻力，就不会取得好的效果。你们给各地讲讲，要下点力量，中央要搞，地方也要搞，经委、计委、科委和卫生部等有关部门都要把这件事摆到一定的位置上。

计划生育搞得好不好，是文化、科学、技术水平如何的一个反映，光靠发动群众，没有科学技术指导是不行的。有些医疗条件差的地方，大月份引产搞不好，造成死亡事故，或者产生严重的后遗症。一个地方发生一起这种事，影响周围几十里，影响好几年，增加很多阻力。要特别注意解决这个问题。

计划生育，工作量大，难度大，有些做计划生育工作的同志工资没评上，提级没提上，还有的挨打、挨骂。这些同志在工作上为国家为人民做了贡献。[41]

赵紫阳长篇大论讲了许多，但是，最终还是同意批转了钱信忠的全国计划生育工作会议纪要，实际上让钱信忠合法地把党中央国务院的 1982 年 11 号文件确定的"女儿户"政策扔到了一边。

1982 年 9 月，党的第十二次代表大会在北京召开。胡耀邦代表党中央为大会所作的报告中指出："实行计划生育，是我国的一项基本国策。"[42] 读者已经看到，基本国策，最早是 1982 年 8 月 18 日由赵紫阳在接见参加全国计划生育工作会议的代表时所讲的语言，经胡耀邦在党的代表大会上次讲出来，可以视之为胡耀邦赵紫阳的共识。

1978 年 6 月，陈慕华走马上任担任国务院计划生育领导小组组长以后，通过 1978 年中央 69 号文件解决了从中央到公社（乡镇）的计划生育工作机构的编制问题，计划生育部门从中央到乡镇（公社）的国家政权机关就已经建立起独立的机构。1979 年 6 月 27 日，陈慕华又提出"一胎化"的生育政策。"一胎化"政策简单、易懂，陈慕华通过具体推动"一胎化"的政策很快就形成一套管制国民生育行为的新制度。计划生育新制度像计划经济一样，以向国民发放生育指标为特征，直接管理和限制国民的生育，所以，胡耀邦赵紫阳

41　梁中堂室藏人口与计划生育资料，1982081801，《赵紫阳总理听取全国计划生育工作会议汇报时的讲话要点》。

42　胡耀邦《全面开创社会主义现代化的新局面》，中央文献研究室编《十一届三中全会以来重要文献选读》上册，人民出版社，1987 年，第 479 页。

是赞赏和接受这一新制度的。早在 1980 年 6 月 26 日的中央书记处会议上，胡耀邦就说过中国人口增长太快"同我们在一段时间中认识上的错误有关，也是我国科学不发达的后果"。1982 年 12 月，胡耀邦在会见外宾时又重复这一观点。他说：

> 在人口问题上我们犯过错误。三、四年前才开始抓控制人口的工作。这一工作，一靠政治动员，二靠法律，三靠技术措施。这几年是有成绩的，但仍有很大困难。[43]

胡耀邦说在人口问题上的错误，即 1979 年为马寅初平反中所获得的毛泽东错批了马寅初，致使中国盲目增加了 3 亿多人口。三、四年前才开始抓，正好是陈慕华主管计划生育，计划生育工作转向实行管制国民生育行为的计划生育制度以后。所以，胡耀邦是赞赏政府管制国民的生育制度的。

赵紫阳也是赞同这一制度的，也是管制国民生育行为的计划生育制度的推手。1981 年 3 月，国务院总理赵紫阳委托副总理姬鹏飞参加五届全国人大常委会，申请撤销临时性的国务院计划生育领导小组，在国务院设立国家计划生育委员会作为有正式建制的国家政权机关，标志着管理国民生育制度的正式确立。

43　萧振禹保存的资料，19821228，《关于传达胡耀邦同志会见外宾时有关计划生育工作的讲话的通知》【82】国计生委字第 220 号。

第六节

1983 年，钱信忠在全国推行大结扎：凄然下台。1984 年 1 月 9 日，中央书记处召开 108 次会议、4 月 5 日，中央书记处办公会议，告诫新任国家计划生育委员会主任王伟：要把计划生育政策建立在合情合理、群众拥护和干部好做工作的基础上，并重申 1982 年中央 11 号文件承载的现行的计划生育政策。但是，4 月 13 日批准的中央 7 号文件，又同意王伟只把照顾生二胎的比例扩大到 10%，实际上又否定了中央 11 号文件和上述精神

即使钱信忠谋求到中央办公厅国务院办公厅同意批转的《全国计划生育工作会议纪要》，但是，他也不准备执行由他所争取到的政策，而是要在全国推行以"大结扎"为主要措施的计划生育方针。1983 年 1 月底至 2 月初，钱信忠在河北视察时的一些谈话，集中反映了他的指导思想。他说，上环失败率高，40 岁以下的二孩夫妇，无禁忌症的就结扎，这样做是很好的。关键是做好宣传，形成制度，手术质量要搞得好一些。要花点钱，把技术搞上去。结扎对妇女身体健康有利，一个妇女刮 2、3 次宫，身体受不了。今年全国要搞 2100 万结扎[44]，再加上原来的结扎数，可达 45% 的结扎率。从长远看需要搞结扎，不然多胎控制不住。1981 年全国多胎率 28%，即每年有 500 万个多胎生育，20 年就是 1 个亿，12 亿就保不住。结扎一为控制多胎，二为防止规划外怀孕。结扎要连搞 3 年就差不多了。为什么要结扎呢？目的是要搞掉多胎。要搞掉多胎，对二胎没有严格的措施，

---

44 1983 年实际男扎 4259261 例，女扎 16398378 例，合计 20657639 例。国家卫生和计划生育委员会编《中国卫生和计划生育统计年鉴》2013，中国协和医科大学出版社，2014 年，第 231 页。

就杜绝不了多胎。不适应的，可治疗后再扎。结扎后一定要关心他们，凡是结扎、上环的，都要定期看望，有什么问题处理一下，关心人民的健康。如果把多胎拿下来就好办了，不然就没有主动权。控制了多胎，1985 年以后的工作就好做了。你们 1982 年人流是多少？今年结扎多少？究竟哪个好？一个是劳民伤财，一个是永久性措施。结扎还是必要的，还是主动的。我们经过 2、3 年的努力，把多胎控制在零点几就好了。

钱信忠说，中央提出计划生育要采取得力措施。所谓得力措施，就是一胎上环，二胎绝育。这样搞它 2、3 年，可能就好一些。结扎问题，我也和中央几位老同志商量过，薄一波同志很同意。我把结扎情况和前 18 年、后 18 年的算账向紫阳同志汇报，他基本上都同意了。所以，我就通报各省，要开展结扎手术。现在看，哪里结扎工作搞得好，那里就主动。60 年代我在上海搞了 40 万结扎手术，后来那里的工作一直很主动。四川省什邡县二胎以上结扎 100%，一胎也结扎 30%，那里的工作就非常主动。不结扎，光突击补救，县委书记忙死也不行。河南、山东、浙江、辽宁等省都同意搞结扎。杨易辰同志[45] 说，今年搞结扎准备拿出 4000 万元，宁愿少搞一个工厂也得把结扎搞上去。现在集中力量把二胎以上的结扎完，要坚决杜绝多胎。中央已经定了，我们就坚决办。

钱信忠说，一孩的也可以结扎一部分，但要在孩子大点了以后再做。一胎在什么时候结扎最合适，二胎在什么时候结扎好，要研究，不要一生下来就结扎，我们不是光不生孩子，还得为人民负责。今年你们争取多结扎一些，明年转向经常。

搞结扎还是要思想政治工作领先，搞好宣传工作，作通思想，思想通了就好办了，计划生育的先进分子还是有的。再就是领导干部带头，栾城县就是领导干部带头好，言传不如身教，领导一带头就好办了。现在我们提让领导干部带头是比较容易做到的，因为国家号

45　杨易辰，时任中共黑龙江省委第一书记。

召生一胎，你生二胎已经不对了，让你结扎还不行吗？

钱信忠对河北省的领导说，结扎的条件，你们定了就先这么办，做完这批再说。现在为什么不把长期避孕有效作为不结扎的条件？就是因为一讲条件就被钻空子，条件越多空子越多。不要讲那么多，那么具体。规定了条件就被动了，条件越多，下面越难办。我们在上面就只讲没有特殊情况的二胎全做结扎。要上结扎就必须提得严一些，其他方法谁也不能保证长期有效。因此，要把多胎搞掉，结扎是根本。中央领导同志很关心我们的工作，不断对我们进行鼓舞，我们一定要做得好一点。把思想工作做好，做好了他还可以宣传。一面宣传，一面手术。一定要把好手术关，一个做坏了就影响一大片。因为这是在好人身上做手术，和在患者身上做手术不一样，患者身上出一点小小不言的事就不提了，可计划生育手术就不然，稍有一点小事就会提出来。因此，无论如何不能粗心大意。要调动各个方面的积极性，特别是医生，要按常规做，保证质量。要把工作做深做细，就是手术前讲清道理，手术后进行慰问。[46]

在稍后的计划生育宣传月总结讲话中，钱信忠就十分强调"大结扎"了。他说，"一胎上环，二胎结扎"，即对已生一个孩子的育龄妇女上避孕环，对已生二个和二个以上孩子的育龄夫妇的一方实行结扎，是严格控制二胎，坚决杜绝多胎生育的最切实可行的有效措施。当前多胎生育的情况还相当严重。据全国千分之一抽样调查的材料，1981 年全国出生的婴儿中，多胎率高达 28.09%。所以要有效地控制人口增长，首先必须解决多胎生育的问题。多胎生育主要在农村，而按照当前农村的实际情况，要农民采取上环、结扎以外的避孕措施是很难奏效的。这是目前农村大量多胎生育和每年突击进行大量人流、引产的主要原因。因此，在农村中，只有对已生两个和两

---

46 梁中堂室藏人口与计划生育研究资料，19830122000，河北省计划生育办公室：《钱信忠同志在河北省视察工作的谈话摘录》，第1-4 页。

个以上孩子的育龄夫妇的一方，经过细致的思想工作，在自觉自愿的基础上，普遍提倡结扎，才能落实中央关于"坚决杜绝多胎生育"和"不论哪一种情况都不能生三胎"的政策。否则，要落实中央的这一政策，只能是一句空话。

钱信忠在总结讲话中继续说，各地的实践也已证明，采取结扎的节育措施，至少有 4 大好处：第一，可以有效地控制人口增长，如果农村已生两个和两个以上孩子的育龄夫妇一方，普遍采取结扎措施，每年将减少多胎生育 2、300 万，经过 3、5 年的努力，每年可少生 500 万人左右，自然增长率就可以下降 4-5‰；第二，近几年全国流产、引产每年都高达 8、900 万例，实行结扎可以大大减少流产、引产的数量，从医学角度来讲，可以大大减轻妇女的痛苦，保护妇女的健康；第三，可以减轻国家、集体和个人的经济负担；第四，有利于改善党群、干群关系。许多地方的经验证明，只要我们把科学道理，党的人口政策，结扎与流产、引产的利弊对比向群众讲清楚，主动要求结扎的群众就会越来越多。所以，我们对二胎结扎的节育措施必须坚定不移地贯彻下去。当然，在实际执行中，必须因地制宜，因人制宜，合情合理。因地制宜，就是城乡有别。因人制宜，就是对于城市长期采取避孕措施有效，又没有因失败而做人工流产的育龄妇女，就不一定要强行采取这种或那种节育措施。对于农村中确有禁忌症的也要因人而异，不应强求结扎。但不论哪一种情况，都要落实好其他有效的避孕措施，做到无计划外怀孕。做结扎手术，河北省栾城县采取一般不住院，在全县设立若干个手术点，负责手术，公社卫生院负责拆线，大队赤脚医生负责护理观察。这个办法比较好，各地可以研究试行。[47]

到了 5 月全国的会议上，钱信忠就把"大结扎"当作计划生育工作的基本经验了。他说：

47　梁中堂室藏人口与计划生育研究资料，1983022700，《钱信忠同志在全国计划生育宣传月经验交流会上的总结讲话》。

采取一胎上环，二胎结扎的技术措施，这将对严格控制二胎，坚决杜绝多胎有重要意义。一九八零年的《公开信》和一九八二年中央十一号文件都提出了不能生三胎的要求，但是怎样才能做到不生三胎，一时没有找到好的办法。在宣传月中正式提出了这个办法，这是总结先进地区经验后做出的决策，看来是符合计划生育客观实际的。[48]

"大结扎"带动了整个计划生育工作。根据钱信忠给中央领导报告的数字，1983 年年初"计划生育宣传月"2 个多月，全国共作节育手术 886 万例，其中男女结扎 359 万多例（相当于 1981 年全年结扎数的 1.6 倍），上环 351 万多例（相当于 1981 年全年上环人数的 31.4%），人工流产和中晚期引产 175 万例。[49] 1982 年男女结扎就是相对较高的一年，接近 516 万，人工流产 1220 万。1983 年，全国结扎人数一下子猛增到 2066 万，人工流产 1437 万例。[50] "大结扎"加重了原本就存在的社会矛盾。1983 年年底，中央调整了国家计划生育委员会领导班子，王伟接替钱信忠担任国家计划生育委员会主任、党组书记。

1984 年 1 月 19 日，中央书记处召开 108 次会议，听取了王伟关于计划生育工作的说明，讨论并原则上同意《国家计划生育委员会党组关于计划生育工作情况的汇报》。会议提出，第一，计划生育是我国的基本国策，是关系到中华民族兴旺发达的大事。过去几年的计划生育工作取得了很大的成绩，今后要继续大力抓紧抓好，促进抓好的标志是发扬成绩，克服缺点，解决问题。

第二，要把计划生育政策建立在合情合理、群众拥护、干部好做

48　梁中堂室藏人口与计划生育研究资料，1983051102，《学习先进经验，进一步步把一九八三年的计划生育工作抓紧抓好——钱信忠同志在全国计划生育工作荣成现场会上的总结讲话》。

49　梁中堂室藏人口与计划生育研究资料，1983022400，《钱信忠同志给中央领导的信》。

50　《中国卫生和计划生育统计年鉴》2013，第 231 页。

工作的基础上。根据我国当前的实际情况，要进一步完善计划生育工作的具体政策，主要是：（1）对农村继续有控制的把口子开的稍大一点，经过批准有的可以生二胎。（2）坚决制止大口子，即严禁生超计划的二胎和多胎。（3）严禁徇私舞弊，对在生育问题上搞不正之风的干部坚决予以处分。（4）对少数民族的计划生育问题，要规定适当的政策。可以考虑，人口在一千万以下的少数民族，允许一对夫妇生育二胎、个别的可以生育三胎，严禁生育四胎。具体规定由民族自治地方的人大和政府、有关省、自治区，根据当地实际情况制定，报上一级人大常委和人民政府批准后执行。

第三，要大力提倡优生学，宣传生命科学，特别是在少数民族地区，要大力宣传婚姻法，宣传近亲结婚的害处，防止近亲结婚。

第四，要下决心从国外引进计划生育的先进技术、器械和优良药品；提高从事计划生育工作干部的科学知识水平；避孕要采取综合措施，在多胎生育情况较严重的地方可以提倡结扎，引产和流产要严格执行手术常规，两者均应保证手术的质量。培训节育技术人员队伍，不断提高他们的技术业务水平，严防手术事故的发生，使采取节育手术的人民群众有安全感。这是关系人民生命安危的大事，一定要特别重视。

第五，计划生育经费要使用得当，要用在培训节育技术人员、提高技术水平等扎扎实实的事情上，不要用于做表面文章上面。共产党员要干老实事，要讲求实效，不要搞形式主义。现在，热衷于搞形式主义，做表面文章，是许多部门在领导方法上的一大通病。要少搞"宣传月"活动，这种活动的效果一般说并不好。各行各业、各个部门都要扎扎实实地工作。

第六，广大基层干部在计划生育方面做了大量的艰苦的工作，但由于有些同志对中央的有关计划生育的方针、政策全面理解不够，在工作中也出现了一些强迫命令的现象（甚至采取扒房、砸锅等野蛮的办法），严重的脱离群众，影响安定团结局面的发展。出现这种现象主要由上级领导承担责任，对广大基层干部和积极分子，要向他们指出强迫命令的危害性，但不要过于指责，以保护他们的积极性。在指导思想上，要彻底纠正"强迫命令不可避免"的错误看法，严禁采取野蛮做法，坚决处理违法乱纪的行为。要重申不搞强迫命令的有关规定，要严格遵照执行。要表扬积极响应党的号召，自觉实行计划生育的个人，表扬落实党的政策，注意工作方法，既能完成人口规划，又能巩固党群关系、促进安定团结的集体。[51]

1984 年的 2 月底到 3 月初，以王伟为主任的新一届的国家计划生育委员会主持召开了全国计划生育委员会主任会议，传达贯彻中央书记处 108 次会议精神。中共中央政治局委员、书记处书记、国务院副总理万里在会议讲话中批评说：

因为工作难度大，你们在工作中，有一点这样那样的毛病，中央是谅解的。任务那么重，农村的面又大，旧的传统思想影响很深，经济、科学、技术又落后，在这种情况下，要完成这个任务，发生一些强迫命令，是可以理解的。但这绝不是支持你们去搞强迫命令，那个做法是不合适的。例如扒人家的房子，逼得妇女去逃难，搞得不能生活，这太过分了，太脱离群众了。即使是个别现象，也不能不引起重视。现在农民有了生产责任制，生活改善了，如果在过去饿着肚子的时候发生这样的事，他们非造反不可。在座的各位都要正视这个问题。我们不向外宣传，不告诉外国人，但在内部，你们自己的毛病自己检讨，中央不批评你们，也不责备下边，但要好好进行教育，总结经验教训，改进工作。我们批评的，主要是过去国家计划生育委员会，不重视这个问题。我曾亲自批了一份反映河北省妇女因强迫结扎去五台山地区逃难的材料给国家计划生育委员会的领导同志，要他们赶快纠正一下子，加强群众工作。但他们根本不重视，当作耳旁风，连个回信都没有。强迫结扎，不能那么做。那个做法太脱离群

51　梁中堂室藏人口与计划生育研究资料，1984011900，《中央会议决定事项通知》。

众，是违反党的政策的。我们党脱离群众，总是不对的吧？[52]

同一次会议上，中央书记处分工联系计划生育工作的中央书记处候补书记郝建秀在大会上说：

最近看到一份材料，有一个乡去年十月份扒掉一家计划外怀孕户的房子时，还召开了现场会。这种现场会，能得到群众的同情和支持吗？显然不能。有人还认为搞强迫命令能解决问题，可是这个乡在召开了扒房现场会之后不久，又出现了三十八名计划外的怀孕妇女。这不是越闹越僵持了吗？这个地方的干群关系搞得非常紧张，有人骂计划生育干部断子绝孙，有人装疯卖傻打干部，有人放火烧干部家里的东西，有人砸干部家的玻璃窗。中央领导同志接到这样的群众来信不少，也有不少人为此上访。有些地方矛盾激化，出了人命。[53]

根据王伟在全国计划生育主任会议上的讲话，计划生育领域违法违纪和侵犯群众利益的现象五花八门。王伟说：

有的地方出现过用野蛮的办法，抄家、封门、砸锅、扒房子、毁坏庄稼、牵走牲畜，破坏群众的基本生产资料和生活资料，甚至围村突击，拉人游街、变相监禁群众、株连亲属、乡邻等。[54]

王伟在另外的一次会议上还指出过，有的地方甚至组织"夜袭

52　梁中堂自存档案资料，1984030300，《万里同志在全国省、市、自治区计划生育委员会主任会议上的讲话》（1984年3月3日），第6-7页。

53　梁中堂室藏人口与计划生育研究资料，1984030301，《郝建秀同志在全国省、市、自治区计划生育委员会主任会议上的讲话》。

54　梁中堂室藏人口与计划生育研究资料，1984022700，《继续大力抓紧抓好计划生育工作——王伟同志在全国省、市、自治区计生委主任会议上的讲话》，第9页。

队"，晚上去抓计划生育"超生户"或结扎对象。[55] 4月5日，中央书记处召开办公会议，研究了国家计划生育委员会党组给这中央的情况汇报。中央給国家计划生育委员会下发的"中央会议事项通知"说：

本世纪末把我国人口控制在十二亿以内，是一个奋斗目标，我们要努力实现这个目标，但是我国的生育政策，一定要建立在合情合理、大多数群众拥护、干部好做工作的基础上。党的政策不能脱离实际。我们关于计划生育政策的实质，就是要逐步做到，除城市、城市郊区以外，在大部分农村地区，逐步做到允许第一胎生女孩的再生第二胎。这一点只是在实际工作中掌握，不公开宣传，并要有一个缓和的渐变过程。从长远来看，如果能切实做到杜绝多胎，则允许生二胎并没有多大危险；同时，鉴于许多家庭对独生子姑息溺爱、教养不严，会使许多独生子独立生活能力很弱、任性、娇气，如果长期只允许生一胎，将来绝大多数人是独生子女，很可能影响民族的素质。因此，现行的计划生育政策，仍是一个历史阶段的政策，今后随着我国经济、文化水平等方面的提高，还可以进一步加以完善。[56]

这是党的文献中第一次出现"现行的计划生育政策"的提法。很清楚，中央是想明确要求国家计划生育委员会党组应该从不分城乡的"一胎化"走到以允许"独女户"的农民再生一个为核心的现行的计划生育政策上，但是，中央却不是像其他工作那样要求下级党组织必须不折不扣地执行中央的政策，而是在这里特别地提出"逐步做到"与缓和渐变。更为奇怪的是，4月13日，中共中央批转的《国

55　梁中堂室藏人口与计划生肯研究资料，1984120700，山西省计划生育委员会翻印：《王伟同志在部分省、自治区、直辖市试点县工作情况交流会上的讲话》（根据录音整理，1984年12月7日），第7页。

56　《中共中央书记处办公会议》，彭珮云《中国计划生育全书》，中国人口出版社1997年，第474页。

家计划生育委员会党组〈关于计划生育工作的情况汇报〉》，即 1984 年中央 7 号文件明显否定了中央会议事项通知。7 号文件中关于政策部分是这样说的：

> 二胎和多胎。一九八二年出生婴儿中，二胎和多胎各占百分之二十四点二。我们赞成"开小口子，堵大口子（指计划外二胎或多胎生育）"的意见。一九八二年规定了农村有十种情况可以生二胎，据测算，根据这一规定生二胎的只占一胎夫妇数的百分之五以下。我们考虑再增加几项，把二胎照顾面扩大到百分之十左右。对这个问题，我们调查研究不够，没有认真去抓。百分之十是对全国农村的一般要求，各地要根据实际情况，加强思想引导，通过算人口发展细账，经过试点，取得经验，逐步推开。以后随着多胎减少，照顾生二胎的口子可以继续开大一些。有的地方规定夫妇双方都是独生子女的，可以允许生两个孩子，我们打算推行这个办法。这样二十多年后将逐步改变现行的生育政策，因为到那时独生子女将占多数，这样做既不影响实现本世纪末人口目标，群众也高兴。[57]

4 月 5 日的中央会议事项通知所重申的 1982 年中央 11 号文件确定的"女儿户"，是允许占据全国总人口 80%以上的农民至少有大约一半的人口可以生育二胎，即如果执行中央 11 号文件，则全国将有接近 50%的人口可以合法低生育二胎，而事实是，距离"女儿户"政策颁发以后已经超过两年的钱信忠时代，全国允许生育二胎的仅占当年出生的 5%；按照中央 11 号文件，以王伟为主任的新的国家计划生育委员会即使"解放思想"了，也只是"考虑再增加几项"把二胎的照顾面扩大到 10%。这是 80 年代的计划生育陷入窘境而始终不能自拔的政策根源。

---

57 《国家计划生育委员会党组〈关于计划生育工作的情况汇报〉》，《中国计划生育全书》，第 25 页。

第七节

1984 年 7 月 30 日，赵紫阳在马瀛通张晓彤的报告上批示说：我认为此文有道理，值得重视。所提措施，可让有关方面测算一下，如确有可能，建议采用。本世纪人口控制指标，可以增加一点弹性，没什么大了不起。8 月 5 日，胡耀邦批示说：同意紫阳同志的意见。这是一份认真动了脑筋，很有见地的报告。……我主张按紫阳同志提出的请有关部门测算后，代中央起草一个新的文件，经书记处政治局讨论后发出

十一届三中全会以后，以扩权让利为主要内容的经济体制改革逐步扩大到全国。国有企业焕发的活力，一定程度上改善了国家财政状况，城市经济社会获得文化大革命以来从未有过的好形势。另一方面，在农村，继 1980 年前后已经实行联产承包责任制的基础上，从 1982 年开始，每年年初中央颁发一份有关农村经济改革的文件，到 1984 年已经连续颁发了 3 份关于农村经济改革的中央文件。在政治经济方面越来越宽松的社会关系，让农民获得了极大的自主权。除了计划生育和农民的摩擦以外，农村也获得了 50 年代以来从未有的好局面。传统的计划经济体制下有一句话，叫做"无农不稳"。农村的大好形势又促进了城市的经济繁荣。1984 年，是胡耀邦赵紫阳在政治上比较得意、工作上比较顺手的时期。春风得意马蹄疾。胡耀邦赵紫阳也想在计划生育方面更进一步放宽政策。

1979 年 12 月，笔者在提交全国第二次人口科学讨论会上的论文《对我国今后几十年人口发展的几点意见》，[58] 提出用"晚婚晚育

58　梁中堂：《对我国今后几十年人口发展战略的几点意见》，拙著《论我国人口发展战略》，山西人民出版社，1985 年。

加间隔"允许人们普遍生育两个孩子的政策取代正在全国推行的"一胎化"政策。1982 年人口普查后，笔者又利用人口普查资料进行测算发现，如果在全国实行这样的政策，也能够实现党的十二大提出的在 20 世纪末把人口控制在 12 亿以内的目标。1984 年春节，笔者给中央总书记胡耀邦写了题为《把计划生育工作建立在人口发展规律的基础上》的研究报告，提出根据我国人口的具体构成，完全可以把我国的生育政策建立在普遍允许人们生育两个孩子的基础上，建议在全国实行"晚婚晚育延长生育间隔"和普遍允许生育两个孩子。[59] 3 月 29 日，中央信访局将我的报告批转到国家计划生育委员会主任王伟，4 月 4 日，国家计划生育委员会副主任周伯萍组织相关干部讨论后，否定了我的报告。但是，政策规划处的干部张晓彤则认为该意见有认真对待的必要。张晓彤请中国人口情报资料中心马瀛通进一步测算后，7 月 30 日，两人合作完成了题为《人口控制与人口政策中的若干问题》的报告。马瀛通张晓彤的报告说：

> 我们认为，梁中堂同志在给胡耀邦同志的信中，提出的晚育加间隔的生育办法是可行的。他的推算不准，提出间隔 8-10 年也很难行通，但如果允许农民在 24 岁生育第一胎后，隔四五年再生一个，则有利于人口控制，又较易为农民所接受。这个做法，会在多数群众拥护支持下把多胎率降下来，使生育高峰趋向平缓，还可使几个年龄组的生育移至 2000 年后增加完成本世纪末人口控制指标的可能性。初步推算，采用这个办法，到本世纪末全国人口可控制在 12.3 亿左右。如果能以《计划生育法》来公布这个办法，可以减小群众对政策稳定性的怀疑。2000 年以后，城乡都可以采取这个办法。[60]

59　梁中堂：《把计划生育工作建立在人口发展规律的基础上》，彭珮云《计划生育全书》。

60　马瀛通张晓彤《关于人口控制和人口政策中的若干问题》，《中国计划生育全书》，第 576 页。

马张报告完成的当天[61]，中共中央政治局常委、国务院总理赵紫阳看到报告以后，当即作了批示。该批示直奔主题，建议如果测算后确能达到 12 亿的人口目标，就建议采用"晚婚晚育延长生育间隔"和普遍允许生育两个孩子的政策。他的批示说：

我认为此文有道理，值得重视。所提措施，可让有关方面测算一下，如确有可能，建议采用。本世纪人口控制指标，可以增加一点弹性，没什么大了不起。[62]

中央政治局常委、中共中央总书记胡耀邦接着对该文批示说：

同意紫阳同志的意见。这是一份认真动了脑筋，很有见地的报告。提倡开动机器，深入钻研问题，大胆发表意见是我们发展大好形势，解决许多困难的有决定意义的一项。我主张按紫阳同志提出的请有关部门测算后，代中央起草一个新的文件，经书记处政治局讨论后发出。[63]

但是，国家计划生育委员会一直没有按照胡耀邦赵紫阳的批示计算人口发展的情况，更没有"代中央起草一个新的文件"。进而论之，都看不出王伟有这个打算。笔者当时判断，国家计划生育委员会之所以抵制赵紫阳和胡耀邦的批示，不愿意按照我提出的"晚婚晚

61　在过去所有的叙述中，笔者都强调了张晓彤与国家卫生部部长崔月犁的父子关系，以为马张的报告是通过崔月犁当天转达给赵紫阳的。前几天与蔡泳博士交谈中，他告诉我在他读过的崔月犁的回忆录里，作者对这段逸闻特意有所纠正。崔月犁否认自己参与了儿子的活动，说张晓彤有位同学当时担任赵紫阳的秘书，马张的报告是经过他的同学转交给赵紫阳的。崔月犁的说法令人信服。因为它足以说明，马张的报告何以在完成的当天，国务院总理赵紫阳就能做出极为明确而深刻的批示。——梁中堂 2024 年 11 月 15 日加注。

62　梁中堂室藏人口与计划生育研究资料，1984073000，《中央书记处参阅文件》〔1984〕21 号，《赵紫阳同志对〈人口控制与人口政策中的若干问题〉的批示》（复印件）。

63　同上。

育加间隔"的生育模式组织测算，从而也不愿意"代中央起草一个新的文件"，究其原因，还是顾虑从"一胎化"调整到普遍允许生育二胎，似乎是否定计划生育工作，怕打击和挫伤计划生育干部的积极性，怕出现原来超生二胎的处罚对象"反攻倒算"从而带来社会的不稳定等等之类的社会问题。1985 年初春，笔者又給中央书记处书记胡启立和联系计划生育工作的候补书记郝建秀写信，要求落实赵紫阳和胡耀邦的批示精神，提出测算、调查和铺设试点等 3 点建议。几经周折，经国家计划生育委员会和山西省委省政府批准，1985 年7 月选择在山西省翼城县农村试行"晚婚晚育加间隔"的生育试点。

1986 年 8 月 4 日，胡启立批示国家科委的报告说：赞成这个报告的观点。上面开口子，哪怕是合理的，下面就刮风。从现在起到本世纪末是"控"的问题，而不是"放"的问题，应坚决停止各种"开口子"的试点，坚决贯彻既定的计划生育方针。10 月 13 日，胡耀邦主持召开中央书记处第 307 次会议：今年上半年全国人口出生已经呈回升趋势，这样的形势应当引起我们高度重视。12 月 2 日，赵紫阳在国务院召开的全国计划生育工作会议上说：这几年计划生育政策应当说更加完善了，更加符合实际了。我赞成稳定政策，稳定现在执行的政策，不要变来变去

由于胡耀邦赵紫阳希望在全国实行"晚婚晚育加间隔"生育政策的批示并没有得到贯彻，所以在当时几乎没有什么影响。全国的计划生育工作仍在 1984 年中央 7 号文件的指导下进行。但是，7 号文件实际上比 1982 年《全国计划生育工作会议纪要》的政策口径并没有扩大了多少。不仅如此，7 号文件允许照顾生二胎的比例幅度由原来的 5%仅仅扩大到 10%，却还要"经过试点，取得经验，逐步推开"，结果全国所执行的政策五花八门，不少地方的计划生育干部无所适从。1986 年 3 月 23 日，国家计划生育委员会党组在给中央呈报的《关于"六五"期间计划生育工作情况和"七五"期间工作意见的报告》中就承认，"强迫命令和野蛮做法还没有得到完全纠正，有的地方还很严重；有的干部还开'歪口子'，使党群、干群关系继续受到损害；有的同志缺乏实事求是的态度和严肃负责的精神，瞒报、虚报统计数字的现象还时有发生；完善生育政策试点有的做表面文章，

试点而不推广"。[64] 中央当然知道问题的要害还在于政策，所以，在批转的"通知"即 1986 年中央 13 号文件中特别提出：

> 实行计划生育、控制人口过快增长的关键，是从实际出发，制订出经过教育，绝大多数群众能够接受的有利于控制人口增长的政策。计划生育工作部门要加强调查研究和科学测算工作，使生育政策和措施日臻完善。[65]

生育政策长期不明确、不统一，计划生育领域的干部无所适从，必然造成人们的思想混乱，也招致部分积极推行和拥护极端的"一胎化"生育政策的人们的不满。特别是原来制订和极力论证必须实行"一胎化"生育政策中国才有出路的那部分官员和学者，本来就很不满意离开他们自以为执行得很成功的"一胎化"政策。这方面的力量逐渐汇集在以宋健为主任的国家科委的周围。1986 年，随着 60 年代生育高峰的人口陆续进入到婚育年龄，人口生育率明显出现回升，坚持"一胎化"生育政策的人以为找到了反击的机会。3 月，全国人大六届四次会议以后，宋健升任国务委员兼国家科委主任、党组书记。7 月 18 日，国家科委签署文件向胡耀邦赵紫阳呈报了题为《关于我国人口增长趋势的报告》的研究报告。该报告说：

> 中国人口的发展趋势研究是国家科委支持的一项软科学研究课题。很多科学家对近年来我国人口的迅速增长表示了极大关注，纷纷反映意见。他们采用世界科学界公认的人口发展预测方法，对我国未来人口发展趋势作了定量研究，深感如不很好控制，将会出现严重的后果。鉴于中央和全国人民都很关心人口问题，我们觉得有责任把他们的意见向你们报告。

64　国家计划生育委员会党组：《关于"六五"期间计划生育工作情况和"七五"期间工作意见的报告》，《中国计划生育全书》，第 29 页

65　《中共中央批转<关于"六五"期间计划生育工作情况和"七五"期间工作意见的报告>的通知》，《中国计划生育全书》，第 28 页。

国家科委的报告还说，控制人口，关键在于控制妇女总和生育率。[66] 1985 年全国妇女总和生育率是 2.20，如果当前某些失控的做法不加改变，妇女总和生育率一直保持在这个水平，2000 年中国人口将达到 13 亿。更为严重的是，到 2021 年中国人口必将超过 16 亿，2049 年将高达 19 至 20 亿。以后，还会持续增长下去。该报告又从 1982-1985 年的生育率变化得出结论说，自从党的十二大提出本世纪末我国人口控制在 12 亿的目标以来，前几年妇女总和生育率明显地逐年下降。但是，近一、二年，由于政策的放松，特别是广大农村的失控，妇女总和生育率又升高了。最后，国家科委提出：

鉴于人口问题的严重性和目前的趋势，科学家们纷纷建议中央要重申严格实行计划生育的国策，一刻也不能放松，重新审查当前正在推行的多种"开口"方案。看来，今后十年至十五年仍应坚持一对夫妇只生一个孩子，适当照顾特殊情况允许生两胎，使妇女总和生育率逐步下降。如能争取在一九九〇年妇女总和生育率降为一点五〇，然后保持这个水平到二〇二一年，那么，到二〇〇〇年，我国人口可控制在十二亿左右，二〇一一年约为十二亿左右，二〇二一年以后可逐步提高生育率，其临界值在二点一六上下，到那时人口将长期稳定在十二亿左右。根据前几年的经验，只要全党一致努力，是可以做到的。

报告说"重申严格实行计划生育的国策，一刻也不能放松，重新审查当前正在推行的多种'开口'方案"，实际上就是要求回到 1982

66　"控制人口，关键在于控制妇女总和生育率"这一观点来自于宋健。宋健于 1983 年 1 月 6 日曾给国家计划生育委员会写有一封建议书，提出"妇女总和生育率是评价计划生育工作的确切指标"，后以《从人口普查看妇女总和生育率指数的重要性》为题收入其论文集《世纪之鹄——宋健文稿选》（原子能出版社，2002 年）。同年，著名人口统计学家、中国人民大学查瑞传教授曾撰文《必须正确理解和运用总和生育率指标》，不指名地对这一观点进行了批评和反驳。查瑞传的文章发表在 1983 年《人口与经济》杂志第 5 期上。

年以前经典的"一胎化"政策上去。此外，国家科委的报告中还附有《马宾[67]同志给紫阳同志的信》《季宗权[68]同志给小平同志的信》、《马宾、于景元等同志<关于我国人口发展趋势的预报>》，以及国家统计局《今年上半年人口有较大幅度增长》等 4 个附件。[69] 其中马宾给赵紫阳的信实际上是直接批评赵紫阳将"12 亿以内"的人口目标改为"12 亿左右"和同意在全国推行山东省"开小口、堵大口"的经验，季宗权给邓小平的信则是要胡耀邦赵紫阳转递他们向邓小平状告胡耀邦赵紫阳的告状信。

国家科委的报告是 1986 年 7 月 18 日签发的，胡耀邦赵紫阳并未理睬它。7 月 30 日，国家科委所办的中国科技日报以"本报讯"的形式在一版报道了《本世纪末我国人口将达十二亿实行计划生育不可稍有懈怠》的文章，当天的新华社不仅发了通稿，而且人民日报也作了"转载"[70]。媒体倒逼胡耀邦赵紫阳就国家科委的报告作出意见。不知道胡耀邦什么时间阅读了该报告，只是在报告送"耀邦、紫阳同志"处自己的名字上画了个圈。8 月 2 日，赵紫阳阅读报告后批示说："请告计生委，对今年上半年人口大幅度增长的情况与原因作一分析。"显然，无论胡耀邦还是赵紫阳，都没有对该报告所表达的观点发表赞同还是否定的意见。

该报告既然以国家科委名义给胡耀邦赵紫阳以及邓小平递交的报告，却不按照党和政府呈文的规定呈报。该报告的开头是"耀邦、紫阳同志并报小平同志"，党和政府机关这样呈报文件即不符合要求，也不规范。首先，80 年代中央曾经明确各级党政机关或者个人给中央的报告，不允许呈报某人转某人，送给谁的报告就是送给谁的，专人专报。其次，属于呈报多人的报告，仅只可以送一份，由所

67　马宾，原冶金部副部长，时任国务院技术经济社会发展研究中心顾问。

68　季宗权，原国家计划生育委员会副主任，时任中国计划生育协会副会长。

69　梁中堂室藏人口与计划生育研究资料，1986071800，国家科委《关于我国人口增长趋势的报告》。以上有关国家科委报告的资料均来源于此。

70　转载通常都是首次发表后转发的，中国官方的媒体发明了转载与首发同一天同时产生。

列领导的顺序依次传递。但是，国家科委的报告却不是这样，该报告有如文化大革命中的群众组织散发传单一样，同时呈报名单所列哥中央领导。甚至还不止如此，国家科委还以"抄送"的形式分送"中央书记处、国务院各同志"。我们也不知道主持中央书记处日常工作的中央政治局委员、书记处书记胡启立是在何时接收到该报告的，也不知道该报告的幕后推手是否是在胡耀邦赵紫阳那里没有得手之后又在胡启立这里做了手脚。8 月 4 日，胡启立有了观点鲜明的批示。胡启立说：

> 赞成这个报告的观点。上面开口子，哪怕是合理的，下面就刮风。从现在起到本世纪末是"控"的问题，而不是"放"的问题，应坚决停止各种"开口子"的试点，坚决贯彻既定的计划生育方针。[71]

国家科委还有更离奇的非组织活动。中央书记处将胡耀邦圈阅、赵紫阳和胡启立分别批示的文件首页复印件传至科委以后，国家科委利用中央机关集体交换机要文件的机会，又将其复印散发到所有参加机要交换的各中央机关。这等于将中央领导特别是胡启立的批示一下子扩散到全国。一时间，计划生育政策将要收紧，各地所进行的生育试点全部撤消，计划生育工作要重新回到经典的"一胎化"时代的传言四起。

1986 年 10 月 13 日，胡耀邦主持召开中央书记处第 307 次会议，讨论《王伟同志关于计划生育问题的信》、国家计划生育委员会党组《关于人口控制目标和政策的报告》和《关于一九八六年上半年全国人口增长情况的报告》。会议提出：

> 计划生育是我国的一项基本国策，必须坚定不移地执行。"七五"期间我国人口正处于新的生育高峰阶段，今年上半年全国人口出生

71　梁中堂室藏人口与计划生育研究资料，1986071800，国家科委《关于我国人口增长趋势的报告》。以上有关国家科委报告的资料均来源于此

已经呈回升趋势，这样的形势应当引起我们高度重视。要继续抓紧抓好计划生育工作，严格控制人口的增长，综合治理计划外生育问题，以保证"七五"人口规划的实现，争取到本世纪末，将全国人口总数控制在十二亿左右。

会议还强调说，计划生育政策已在中共中央 1984 年 7 号文件中有全面阐述，经过实践，已在群众中有了一定的基础，应当继续贯彻执行。计划生育工作的宣传，要以现行的计划生育政策为准，不同意见可以在内部讨论，但不得公开宣传报道同现行政策不相符合的内容。[72] 这些显然都是针对国家科委最近的所作所为。

为了进一步统一全国计划生育系统的思想，国务院于 1986 年 12 月初召开了由各省、市、自治区政府分管计划生育工作的副省长（副市长或副主席）和计划生育委员会主任参加的全国计划生育工作会议。12 月 2 日，赵紫阳在会议上作了重要讲话。他说：

计划生育工作一定要继续抓紧，不能动摇。这个问题首先要我们全党统一认识。我们国家的人口确实是个大问题。人口增加得太快，如果失控，对我们的"四化"就会带来很大的困难。到本世纪末的人口指标，我们提过十二亿。就是说我们的人口不能增加的太多，这体现了我们的一个基本政策。当然也不能到时候十二亿一个不多，或者一个不少。我们现在提出这个"左右"、有点弹性是比较符合实际的。但是，绝对不是说我们的人口可以不严加控制，不抓计划生育，绝对不是这个意思。本世纪的人口控制从严一点，从紧一点，我看是对的。因为我国的人口基数大，又要经历一个生育高峰。如果这一个高峰比较高的话，不仅影响本世纪，而且影响下世纪。当然，人口从严控制，也可能带来这样或那样的问题。但是对这些问题我们要心中有数，在适当的时候再来解决，可能还来得及，比如人口老化问题。独生子女作为中华民族的子孙后代，对他们的培养教育应当

72　梁中堂室藏人口与计划生育研究资料，1986101300，《中央书记处第 307 次会议》。

认真考虑，要有综合的办法。独生子女也不一定都是娇生儿。现在的情况可能对独生子女的健康成长产生影响。父亲、母亲，还有上一代人，围着一个小孩转，太娇了，他们在家里称王称霸，出了门就没有多大本事。这个问题我们要注意，要懂得点科学知识，纠正娇生惯养的现象，要注意进行教育，要在社会上形成一个舆论。但是不能因此动摇在本世纪严格控制人口增长的决心。什么事都有利有弊，但要比较利弊大小，选择利大害小的办法。

现在在人口问题上有不同的看法，主要是侧重点不一样。但从全局来讲，人口不能增加过多，不能增加过快，这是第一位的问题。当然经过一个时期，政策可以放宽一点，比如十五年以后，到时候再看。在这个时期内，对可能出现的问题，应尽量把它的影响缩小。这也是中央书记处的方针。中央常委也很关心，这是基本态度，基本方针。

关于人口政策，赵紫阳说：

这几年计划生育政策应当说更加完善了，更加符合实际了。我赞成稳定政策，稳定现在执行的政策，不要变来变去。计划生育工作本来很艰巨，政策老变来变去，下边不好办。在汉族地区，一对夫妇只生一个孩子仍然是主要的政策。首先是城镇仍不变动，不要松口子。但是农村，中央考虑不能一刀切。农村一对夫妇只生一个，不考虑任何特殊情况，执行起来难度很大。这样，反而助长了多生，多胎制止不了。因为它在群众中没有基础。所以，我们一直主张农村应该有个长期、稳定、得到多数农民支持的计划生育政策。除了过去规定的一些特殊情况可以生两个孩子以外，加一个独女户，只有一个女孩的，间隔几年以后允许生二胎。我认为严格按照这个去办，不会因此而使中国人口爆炸，但是可以大大减少农村计划生育工作的难度，可以密切党和农民的关系，就不会发生那种大量外逃抢生的现象。再一个是可以防止溺婴。问题是不要因此而产生错觉，以为计划生育工作不那么重要了，计划生育可以不认真抓了。实际上我们这样做的目的还是为了严格控制人口，为了使农村计划生育更好地推行，减少阻力，有利于减少多胎。

我最近看到一个材料上说，山东多出生了一些人，我说宁可信其有，不可信其无。我们执行一种政策常常有这种现象，由于大家思想准备不足，在开始的时候，往往在理想上不完全一致。譬如说，原来我们说就只准生一个，搞"一刀切"，强迫命令就比较严重。后来说可以适当的照顾一点，有的地方工作就放松下来了。这不奇怪。但是不要让这种现象继续下去。对计划生育工作要正确的理解，正确地执行。开小口是为了堵大口，为了使计划生育政策能够建立在长期稳定的基础上，能够得到多数农民的支持。从长远来讲，这样做对计划生育有利。当然，大城市近郊不要开这个口子。大城市近郊文化比较发达，生育观念也不一样。经过多年来计划生育的宣传教育，现在我们可以做到不多生。对生了一个男孩的就要求他不要再生了，经过艰苦的工作，多数农民是可以接受的，或者说是勉强可以接受。我们经常到农村去，有时到农村去访问，比如碰到四十多岁、三十多岁的人。问他有几个孩子，他首先一定要向你解释说："我这个孩子是没有开展计划生育以前生的"，说明他知道多生孩子不合法，多生孩子不光荣。提倡一对夫妇只生一个孩子，对有特殊情况的允许生两胎，是为了控制人口的增长。允许生两胎还得按计划，就是说要有间隔。我相信这个道理，加大间隔可以降低人口高峰，人口增长就不会太快，我觉得不会造成很大的问题。有间隔对孩子的教育有好处，对家庭、对母亲的健康有好处。但是，如果不能正确理解和正确执行，认为可以松了，甚至放任不管，就会发生开了小口子等着开大口子，小口子没开就先开大口子的现象。所以，我们现在确定，就这么一个政策，长期执行下去，至少十几年内不要再打算改变。我相信，这样一个政策，只要统一认识，正确理解，正确执行，不会带来人口过快增长，而有利于减少计划生育工作的阻力，取得群众的支持，也有利于解决多胎问题。有些农村，交通、工农业、文化不是太发达的地方，如果群众多数思想不通，那多胎生育就很难制止，因为群众不支持。

　　对放松计划生育工作的现象，宁可信其有，不可信其无。就是这两年在酝酿完善计划生育政策，使政策更加符合实际的时候，可能造成某种错觉，至少在一些基层干部中造成某种错觉，认为中央的政策在继续变，不知会变成什么样子，"我现在抓那么紧，你将来又要变了，不是又要挨群众的骂了吗？"因此，他现在就等，对计划生育工作就不管或者至少不那么理直气壮地去管。这样就会出现某种生育自流的现象。这种情况的产生，除了开始进入人口高峰，除了早婚等等原因以外，还应当看到，这两年我们在酝酿完善计划生育政策中，可能发生了某种副作用，有某种自流现象。但是，这不是政策本身的问题，是暂时的现象。要敢于承认它，我们全党都要把这个问题讲清楚，这是不可怕的。这种自流现象不应该也不会继续发展下去。对我们计划生育的形势要作这么一个估计。

　　现在有两种看法：一种认为这两年"开口子"也确实出现了一些副作用，或者说是不小的副作用；一种认为副作用没有那么大。要讲清楚，不能因此就说开了小口，就是政策本身有什么问题，不能这样看。最近我从统计材料上看到，山东人口增长是多了一些，可能有这个现象。另外一种情况在山东也确实存在，就是跑到辽宁讨饭，生了孩子后又抱回来的现象少了。这说明党群关系缓和了，但是也可能工作放松了一点。因此现在要稳定政策，统一认识，并且正确地去执行。我认为经过几年，我们的情况就会变好，这样计划生育就能够长期稳定的坚持下去。[73]

　　因为胡启立批示"赞成"国家科委"取消成命，收回试点"的报告带来混乱，所以，赵紫阳在会上讲了一大段保护翼城实验的话。他说：

　　这里顺便谈一个问题，人口理论界有些争议。就是"只生一个子女"和"晚、稀、少"的问题。有一部分学者主张，不仅在农村也包

73　梁中堂室藏人口与计划生育研究资料，1986120200，《在全国计划生育工作会议上赵紫阳同志的讲话》。

括城市都生两胎，只要晚婚、晚育、间隔牛，人口增长的结果与"只生一个"的结果一样。我认为这种意见现在也不能轻易加以否定，但是，现在不敢就这样办，因为这个理论没有经过实践。我说不敢现在就推广，更不要动摇现行的生育政策。但是允许给一块地方进行试验，给个地盘，实践一下，因为这不是一、两年可以说明问题的。如果经过十年，证明了实行这种办法人口增长率并没有提高，那我们就可以采取这个政策。（万里同志插话：可能只能在大城市附近文化高的地方实行。）现在已经选了几个地方，山西翼城县已经搞了一年多。全国指定几个地方试验，不要宣传。但是我们还寄予希望，如果这几个地方最后实践的结果证明是好的，顺乎民心，合乎民心，又能控制人口，那当然好了，何乐而不为！但是现在没有把握。我对这些同志的意见曾经讲过一些支持的话，我想如果能论证一下，确实这样，那当然很好，那就是个很好的政策，解决一个很大的问题。（万里同志插话：我也认为这是个好意见。）但是现在我们既不能对这部分同志的主张加以否定，也不能轻易地就拿来在全国推广，因为这个后果不清楚，所以允许试点。至于理论上的辩论、讨论，可以百家争鸣，但报纸上不必宣传这些东西。内部讨论，学术刊物上争论、辩论是可以的，允许在一些指定的地方试验。最后要看试验的结果怎么样。全国绝大部分地方实行我刚才讲的那个政策，个别地方实行这个政策，最后再做决定。

  赵紫阳、万里、宋健参加了会议。[74] 国务院召开的全国计划生育工作会议，除了国务院总理赵紫阳和常务副总理万里参加会议以外，并不分管计划生育工作的国务委员、国家科委主任宋健也参加了会议，意味深长。据说，会议期间，赵紫阳、万里分别讲话后，赵紫阳还特意问过"宋健同志有什么意见"，意即请宋健讲话，宋健表示没有什么意见。可能是因为对于赵紫阳在马瀛通张晓彤报告批示中讲

---

74 梁中堂室藏人口与计划生育研究资料，1986120501，《张文寿同志在全国计划生育工作会议上的总结》。

了人口目标增加点弹性，从而将"12亿以内"改为"12亿左右"产生了较大的分歧。也许是因为国家科委的报告中特别对"有弹性"的人口目标表示了强烈的不满，这才把宋健拉过来参加了会议。因为宋健在场，赵紫阳在讲话中讲了两段有关计划生育工作中的具体问题之后，在结尾处又一次回过头来回应他在讲话最初时所谈的人口目标问题。赵紫阳说：

我们说人口计划指标十二亿左右，什么叫左右，一般左右不过五嘛！如果你搞到十二亿九千九百九十九万，那就不叫左右了。接近十三亿，就是十三亿的概念了。这个问题不必说的那么死。总的提法是左右，你们分配指标时，大体上可以按这个进行控制。因为一般人口计划很难做到比经济计划还准确。分配过了不必改它吧？实在不够可以适当加一点嘛。也不必现在就把十二亿五做个指标喊出去，我看就是十二亿左右。如果哪里实在政策和指标发生矛盾，在做好工作的情况下，你们再酌情对指标适当加以调整。就是这个原则。[76]

中央书记处 307 次会议和国务院全国计划生育工作会议，阻止了国家科委掀起的企图回到经典的"一胎化"时代的风潮。

---

75 《在全国计划生育工作会议上赵紫阳同志的讲话》。

第九节

1988 年 3 月 6 日，光明日报："我国人口现状不容乐观，长官意志的干扰是出生率回升重要原因"。3 月 31 日，中央政治局常委第 18 次（扩大）会议，赵紫阳：1986 年 12 月，在全国计划生育工作会议上，我讲了计划生育政策问题，我以为可以解决问题了。现在看来，问题还没有解决……

因为问题没有解决，社会矛盾依然存在。据国家计划生育委员会的统计，1986 年到 1989 年，群众与计划生育干部的矛盾与冲突仍然很多、很激烈，因计划生育而发生的恶性事件 972 起，2100 余人被打伤，3 人被杀害。[76] 另外，人口统计表明，无论每年实际出生的人口还是衡量妇女生育水平的人口出生率或者妇女生育率都在一年比一年提高。所以，"人口失控"的调子越来越高，对计划生育的争议和批评也越来越多。抢在 1988 年全国"两会"之前，光明日报在 3 月 6 日"议事堂"一栏中发表一篇署名"本报记者刘敬智"的题为《有关专家认为我国人口现状不容乐观长官意志的干扰是出生率回升重要原因》的文章，其中说：

专家们说，令人忧虑的倒是我们的决策体制。按理说，一对夫妇只生一个孩子既然已经作为一项国策确定下来，就应当不受任何人事更换的影响，遗憾的是，事实并非如此。1985 年，这项对国计民生影响深远的政策，竟被莫名其妙地从上边开了口子，而且是在一

76　国家计划生育委员会《因计划生育引起的恶性事件已成为工作和社会不安定的因素》，梁中堂室藏人口与计划生育研究资料，1989120700，国家计划生育委员会《关于计划生育工作中几个重大问题的请示》。

些人口学家的反对和告诫声中开的口子。可见长官意志多么厉害。[77]

3月25日，七届全国人大一次会议在北京召开，参会的每位全国人大代表和全国政协委员都收到了2篇文章，一篇是由署名马宾给邓小平的一封信，一篇是署名为国家科委"人口－经济发展与对策"研究小组组长马宾、孔德勇、于景元的文章。

马宾给小平的信直接从赵紫阳把"12亿以内"改为"12亿左右"的人口目标谈起。尤其是不满前一年赵紫阳对他的有关人口指标报告的批示。[78] 马宾说："1986年12月全国计划生育会议，将'在本世纪末把我国人口控制在12亿以内'的指标改为'控制在12亿左右'，对内说明12亿5千万。"马宾对邓小平说，如果在本世纪末人口超过13亿，即使是12亿5千万，它将把我国于21世纪上半叶进入现代化发达国家的战略规划付诸东流。接着，马宾批评赵紫阳的"开小口堵大门"。马宾说，随着12亿人口目标的修改，有关部门也将一胎后上环、二胎后结扎和凡怀三胎者劝其流产的"经过慎重研究、行之有效的正确的计划生育政策"，遭受到"自由化"的干扰破坏，出现了"小口子"（独女户可生二胎）越开越大，"大口子"并

77　刘敬智：《有关专家认为我国人口现状不容乐观长官意志的干扰是出生率回升重要原因》，光明日报，1988年3月6日，第二版。

78　马宾就12亿以内的人口目标，写有一系列的文章。其中于1987年中国国际广播出版社的马宾著《论中国人口问题——人口战略、人口规划、人口政策》中，收入这方面内容计有3篇，即《在本世纪末把人口控制在12亿以内的目标应该努力实现》、《为在本世纪末把人口控制在12亿以内，必须继续提倡一对夫妇只生一个孩子》、《为实现本世纪末中国人口控制目标必须稳定提倡一对夫妇只生一个孩子的政策》。另外，国家科委1986年7月18日给中央的报告中有《马宾同志给赵紫阳同志的信》，其核心仍是论述12亿人口目标问题。1987年7月，马宾再次上书反对赵紫阳本世纪末12亿人口目标增加点弹性。7月22日，赵紫阳在马宾的材料商批示说："问题不在提十二亿左右，也不在开小口子。但目前出现的人口出生率回升要认真重视，按照目前的政策认真抓紧贯彻，解决多胎问题和早婚、早育问题。目前有些地方确实有放松与自流现象，应坚决纠正。"1988年3月，国家科委人口研究课题组散发到两会上去的材料里，仍有一封马宾给邓小平的信，所谈内容还是12亿人口目标问题。

不努力去堵（怕外国人指责强迫绝育、堕胎）的状况，并不断与一对夫妇生一个孩子的政策对着干，宣传和试行两胎加间隔。马宾接着说："因为指标不定，政策不稳，基层干部难于工作。不少地方形同自流，这是这两年出生率回升的主要原因。"[79]

科委人口课题小组的文章题为《严格控制人口，迫在眉睫》，除了正文以外还附有《关于我国近两年来人口生育分析的研究报告》、《关于中国人口长期预报的研究报告》、《国外生育率转变的历史经验值得注意》、《关于社会主义初级阶段中国人口发展战略的研究报告》等4份附件。其正式报告的文章一开始就说：

正值第七届全国人民代表大会和政治协商会议召开之际，"人口一经济发展与对策"研究小组认为有必要就换届期间贯彻控制人口基本国策的情况向大会反映，并希望得到大会代表的重视和讨论，及时解决目前人口失控的严重问题。[80]

国家科委的研究小组向两会的代表和委员们介绍说，自70年代到1984年以前，计划生育和人口控制取得了"举世公认的成就"，但是，也就是从这个时刻开始，"从国外冲进来一股对我国计划生育工作的干扰，无端指责中国计划生育工作违反所谓人权，要求我们生育自由化。在客观上有干扰和主观上有松劲的情况下，出现了指标不稳、政策多变，从而造成组织涣散、工作不力的状况。"文章以1984年为界，就是要说陈慕华和钱信忠主持计划生育工作坚持"一胎化"，而接替钱信忠的国家计划生育委员会主任以后的王伟执行了赵紫阳的"12亿左右"的人口目标和"开小口堵大口"的人口政策。——其实，读者已经看到，王伟也仅只是把钱信忠照顾生二胎的口子由占当年新生儿的5%，扩大到10%，远未实行1982年中央11号

79　梁中堂自存档案资料，1988031200，《马宾致邓小平同志》。

80　梁中堂室藏人口与计划生育研究资料，1988031601，国家科委"人口一经济发展与对策"研究小组：《严格控制人口，迫在眉睫》。本节凡介绍该文内容，其资料均来源于此。

文件确定的现行的计划生育政策。

还有，该文把 1985 年以后逐步上升的生育率当作"人口失控"的表现，并要求追究"主要单位负责人"的责任。文章说：

第六届全国人民代表大会期间，出了一件如此重大人口失控事件，只有对于这个失控事件的严重性有深刻的认识和严肃的处理，才能有利于七届人民代表大会动员全国人民关心我国人口问题并贯彻控制人口的基本国策。

该研究小组认为，党的 12 大制订 12 亿以内的人口目标和一对夫妇只生一个的政策，就是考虑到要将今后 10 多年生育高峰削平，否则，下个世纪人口生育高峰时，就不是执行"不合理的一胎政策"，甚至 0.5 胎政策也难于解决。"丧失时机后悔不及，拖延时间就是罪恶"。所以，研究小组得出结论说：

唯一正确可行的是到本世纪末，还严格执行提倡一对夫妇只生一个孩子的政策，对于农村既（即）使照顾生二胎的也要从严控制，而绝不能放宽。

马宾和国家科委"人口－经济发展与对策"课题组的文章是直接针对赵紫阳的，自然给正在召开的七届全国人大一次会议带来影响。3 月 31 日，赵紫阳主持召开中央政治局常务委员会第 18 次（扩大）会议，讨论并通过了国家计划生育委员会《计划生育工作汇报提纲》。除了 5 位政治局常委以外，杨尚昆、宋平、薄一波、芮杏文、阎明复、温家宝，以及宋健，列席了会议。因为会议内容主要是计划生育政策问题，会议的开法当然是由赵紫阳主讲，其他常委和除了宋健没有具体讲话以外，列席会议的领导人都表达了同意赵紫阳代表中央的讲话精神。但是，我们始终没有得到过赵紫阳的讲话原文。本文虽然根据《国家计生委彭珮云主任在中国计划生育协会第二届理事会第三次会议上的讲话》、《彭珮云在全国计划生育主任会议闭幕时的讲话）和《中共中央政治局常委会第 18 次会议讨论国家计划生育委员会的汇报提纲》等文综合情况整理，但读者应该把这些文字当作是与赵紫阳讲话基本精神相符合的。

赵紫阳在会议上说，现在，在我国，问题已经不是要不要计划生育，这个问题在大家的思想上已经解决了。现在的问题是怎样实行计划生育，才能有效控制人口和密切党群关系。这些年来，对于中央确定的现行生育政策，一直存在着不同的意见。有些同志主张一对夫妇只生一个孩子，到本世纪末把人口控制在 12 亿以内。不久前，有人在报纸上发表文章说："一对夫妇只生一个孩子既然已经作为一项国策确定下来。"这句话本身是不确切的。我们说实行计划生育是基本国策，但是从来没有说过一对夫妇只生一个孩子是基本国策。这篇文章对于开口子表示不满，认为长官意志的干扰是当前出生率回升的重要原因。也有另外一种意见，认为口子还开小了，希望现在就能开到普遍让农民生二胎。

现行计划生育政策的形成，大体经历了这样一个过程：1980 年中共中央发出《关于控制我国人口增长问题致全体共产党员、共青团员的公开信》，提倡一对夫妇只生育一个孩子，同时指出："某些群众确有困难，可以同意他们生育两个孩子，但是不能生三个孩子。"《公开信》发表以后的几年间，广大干部做了大量艰苦的工作，计划生育工作取得了很大的成绩。但是，工作中也存在一些问题，如有的地方出现了强迫命令、简单粗暴现象。有的地方命令主义相当严重，干部到农民家里去做工作，就在那儿吃，什么时候这个工作做通了，干部才走。农民受不了，只好"同意"了。有的是用车子把人强拉到医院里去做手术，甚至大月份引产。结果不少农民就逃出去生孩子，还出现溺婴现象。也有的地方由于感到在农村提倡只生一个的政策难度大，就干脆撒手不管，放任自流。这样，反而助长了多胎生育。这种情况下，山东省从实际出发提出"开小口，堵大口"，实行的效果较好，中央肯定了他们的做法。

从 1981 年 9 月中央书记处 122 次会议起，中央多次对农村计划生育政策进行了研究，并作了具体的指示。1982 年中央 11 号文件中指出，农村某些群众确有实际困难（主要指农村"独女户"）要求生二胎的，经过审批可以有计划地安排，不论哪种情况都不能生三胎。少数民族可以适当放宽一些。1984 年中央 7 号文件指出，要把计划生育政策建立在合情合理，群众拥护，干部好做工作的基础上。1984 年 4 月 5 日，中央书记处办公会议指出，除城市、城市郊区以外，在部分农村地区逐步实行允许第一胎生女孩的夫妇再生第二胎的政策。在 1986 年 12 月，全国计划生育工作会议上，我们再次明确提出，农村应该有个长期、稳定、得到多数农民支持的计划生育政策，除了过去规定的一些特殊情况可以生两个孩子以外，要求生第二胎的独生女户，间隔几年以后可以允许生二胎，并特别强调，"间隔"非常重要。这就是现行政策形成的过程。

赵紫阳说，在农村实行这样的政策的出发点是，既要坚定不移地把计划生育工作抓紧，又要从实际出发，使计划生育政策能够为多数农民所接受，得到他们的支持。只有这样，计划生育工作才能有更坚实的基础，才能长期稳定地坚持下去。一对夫妇只生一个孩子，在城市里现在是行得通的。城市人民生活改善了，文化水平提高了，生一个孩子是符合人心，人们容易接受的。而且对男孩、女孩的问题，观念也在发生变化。有的人还认为女孩子更好，孝顺父母。我们说，一对夫妇只生育一个孩子是提倡这样做。什么时候也没有讲过这是法律、是命令。而且这样提倡是因为，现在正处于生育高峰期，希望少生一些人。城市一对夫妇可以只生育一个，商品经济发达的农村也可以提倡一胎，在这些地方可以控制严一点。但是在广大农村，如果让农民选择只生一胎或者是独女户可以间隔几年以后生两胎，农民一定会投第二种方案的票。目前我国农村生产力水平还比较低，家庭还是生产单位，一个农户只有一个女孩，在生产和生活中都有实际困难。因此，对独女户要求生二胎的可以在间隔几年以后允许再生一个。开这样的口子，关键是必须有间隔。间隔很重要，有间隔同样可以达到控制人口的目的。问题在工作，在对中央的政策要全面理解，全面贯彻。

赵紫阳还指出，我们现在对超生者采取经济处罚，受罚面只能是少数，不能搞得受罚面很大。如果搞得到处溺婴，从人道主义讲，也是不好的。让独女户再生一个，这样至少第一个女婴可以不被溺死了。我们不只是考虑国际影响，但是一个开放的国家如果不文明，国际影响也不好。我们在农村之所以采取这样的政策，既是为了密切党群关系，也是因为只有与多数农民取得了共同语言，才能有效制止多胎，达到控制人口的目的。对于农民来讲，实行计划生育存在一个长远利益同眼前利益的矛盾。在农民一家一户看来，多生一个孩子，不过是多放一双筷子，或者锅里多一瓢水。许多农民还认识不到人口太多对于国家的经济发展、民族的素质会带来很大的问题。现时农民的生育观念与我们党和政府提倡的有矛盾，有些同志因此认为搞计划生育，强迫命令不可避免。那么，对于党与农民的关系到底应当怎么处理？而且还要考虑如果党与农民的关系紧张，能否达到控制人口增长的目的。赵紫阳说，现在要做到完全不紧张也难。就是说，在计划生育这个问题上，让农民完全接受我们的主张也难。但是，决不能搞得过分紧张，不要搞翻了。过度紧张，就会使政策贯彻不下去，没有群众基础，就必然导致多胎，多胎在群众中也不孤立。总之，我们考虑问题不能只从主观愿望出发，不能采取"霸蛮"[81]的办法。赵紫阳还说，开小口子必须和严禁多胎、坚决堵住大口子结合起来。

关于人口出生率回升问题。赵紫阳说，这几年出现人口回升，主要是两个原因，一是受到了 60 年代、70 年代生育高峰的影响，当时出生的大量人口，现在到了生育年龄，因此现在又面临新的生育高峰。二是有些地方放松了计划生育工作，甚至撒手不管，放任自流。就是说，现在人口出生率回升，既有客观存在的人口结构问题，历史

81　霸蛮，湖湘方言，意强悍、粗野、蛮横，不讲理。这里主要是指工作方法简单粗暴。

遗留下来的问题，也有我们工作中的问题。赵紫阳指出，人口出生率回升，从工作上看，并不是因为开小口开错了，而是有些地方放松了计划生育工作。有一些同志对开小口至今思想不通，有的对计划生育工作采取了放任自流的态度。他们认为，你们在上面做好人，我们在下面不好办，我干脆不管了。这些同志思想不通，弯子转不过来。他们没有想一想，坚持只许生一个的政策，硬是和农民顶牛，怎么能行？还有一种情况，由于只生一个孩子，农民接受不了，干部无法执行。所以，有的地方干部从来对计划生育就撒手不管。有的地方的农民，不只生一个两个的问题，能够停止在三胎就阿弥陀佛了。虽然政策规定很紧，实际情况是多数人生二胎，一部分人生三胎。有些同志思想不通，弯子还转不过来，要多做工作。经过教育和引导，多数干部是可以逐步转变过来的。

赵紫阳强调说，当前我国正处在人口生育高峰，为了更好地贯彻执行计划生育这一基本国策，必须统一思想，稳定政策，抓紧工作。

赵紫阳还说，1986 年 12 月，在全国计划生育工作会议上，我讲了计划生育政策问题，我以为可以解决问题了。现在看来，问题还没有解决，对政策还有不同意见。因为问题没有解决，所以，现在需要统一思想，需要让大家知道中央的声音，中央的意见。

会议重申了我国现行的计划生育政策。这个政策全面地理解就是提倡晚婚晚育、少生优生，提倡一对夫妇只生育一个孩子。国家干部和职工、城镇居民，除特殊情况经过批准者外，一对夫妇只生育一个孩子。农村某些群众，确有实际困难，包括独女户，要求生二胎的，经过申批，可以间隔几年以后生二胎。不论哪一种情况，都不能生三胎。少数民族也要提倡计划生育，具体规定由有关省、自治区根据当地实际情况来制定。

有些同志提出，你们开独女户是不是对传统的"男尊女卑"的观念的妥协？党采取这样一种政策，是不是丧失了原则性？赵紫阳指出，实行这个政策决不是从重男轻女的观念出发的，而是实事求是地考虑到，在现在我国农村中，应该承认独女户在生产和生活上确有实际困难。因为没有一个男孩，就没有强劳动力。女孩子要出嫁，有些劳动女孩子也干不了。这是实际情况，也是经济发展的要求。因此，应该把独女户包括在确有实际困难的人之中。

关于翼城县试点问题，在这次会议上，彭珮云汇报说："从一些地方试点的情况看，采取晚婚晚育加间隔的办法，如果工作抓得紧，抓得好，不论是原先计划生育工作先进的地方，像山西翼城县，或者原先后进的地方，像山西大同市新荣区，效果都是好的。因此，有些同志主张逐步扩大这种试点的面。是否同意扩大这种试点？"赵紫阳在讲了一些与 1986 年 12 月 2 日国务院计划生育工作会议上支持这类试点的话以后说，对这个经验，我们寄予希望，如果这几个地方最后实践的结果证明是好的，顺乎民心，合乎民意，又能控制人口，那当然好了，何乐而不为。但是现在还没有把握，所以不要扩大试点。试点就定在原来的范围内，目前不宜扩大开二胎的试验，因为我们现在还没有把握在普遍开二胎以后能够把人口控制住，如果扩大试点，就会给人以一种要推广开二胎的印象，有可能引起波动，所以现在就是要稳定在现行政策上。但是，已经试点的少数几个地方，应该把这个实验坚持下去，认真搞好，总结经验。

赵紫阳说，上面讲的计划生育政策是党中央的一贯政策，也是今后相当长时间内要执行的政策。赵紫阳说，要明确地说清楚，现行的政策是中央的决策，不是国家计生委的决策，不是王伟的决策，不是哪一个人定的，也不是因为人事更换了，政策就变了。还要说清楚现行政策是正确的，农村独女户有间隔的条件下可以生两胎，这个政策要执行一个相当长的时间。中央决定这样做，不是放松计划生育，而是考虑要让广大农民群众能够接受。计划生育政策是一个很敏感的问题，特别是在生育高峰期，必须保持现行政策的稳定。不稳定，不利于控制人口。全党同志一定要把思想统一到党中央的政策上来，全面地理解和认真地执行这个政策，以便同心协力地把计划生育工作抓紧抓好。如果我们在政策上思想上不统一，就不能齐心协力地把工作抓紧抓好。所以，中央要求，党内必须统一认识，统一步调。领导机关要帮助广大干部、党员理解为什么在现阶段必须制订这样的政策，提高他们执行政策的自觉性。赵紫阳要求国家计生委写文章，在报纸上造舆论，要说清楚现行政策所以这样定，根据何在，同时说清楚计划生育决不能放松。赵紫阳说，党员对党的现行政策有不同意见，可以在党的会议上讨论，可以向党组织提出，但是不得违反党的纪律，在报纸上写文章公开指责党的现行政策，干扰现行政策的执行。有关计划生育的学术问题，可以充分讨论、百家争鸣。但现行政策不是理论讨论，计划生育的现行政策是千家万户都要实际执行的政策，对实际工作、人民生活有实际影响。如果你也插、他也插，各讲各的，各行其是，就会搞得计生委无法工作。到底按什么政策执行、到底哪个是中央的政策？有时弄得人的思想也乱了。中央的精神是，现行的政策不动，现在不开新口子。对现行的政策有意见可以向中央提出，一律不要在社会上散布流言蜚语。现在写文章的人大概也是共产党员吧，党员就要有组织纪律性。因为我们党是民主集中制的党。有不同意见，可以向组织提出，按组织原则指出，不要在公开的场合去议论、去指责，因为这样会干扰现行政策的执行。

关于人口目标问题，会议认为，本世纪末把我国人口控制在 12 亿左右是十分艰巨的奋斗目标，但也完全有可能实现的。关键是要切实加强领导，进一步把工作抓紧，做细做好。

赵紫阳说，人口问题是一个复杂的问题，到哪一年，就一定是多少人，一个也不多，很难办到。人口问题不是算数问题。中央提出 12 亿左右，1986 年对此曾经解释过，说有点弹性比较符合实际。这是一种预测，是一个我们要努力争取达到的奋斗目标，能不能达到要看我们的工作和其他方面的情况。所以，在这次会上明确，今后我们还是提 12 亿左右，就按这个提法。现在事实也证明了，凡是政策贯彻得好，工作抓得紧的地方，是能够完成人口计划指标的，关键是要把工作抓得很紧，做细做好。要做好计划生育工作，一是要政策比较符合实际，能够为多数农民接受，有了好的政策，还要抓静止，把工作做细做好，只有这样，人口计划指标才能完成。所以，原来计划生育工作搞得好的地方，要再接再厉，党委和政府要认真总结和推广他们的经验；原来工作搞得不好的地方，要尽快改变被动局面，今后认真抓紧，不允许撒手不管，放任自流。各级党委和政府要把计划生育工作列入重要议事日程，切实加强领导。[82]

新上任的国家计划生育委员会主任彭珮云领会了总书记赵紫阳的讲话精神，会后就借传达 1988 年 3 月 31 日政治局常委（扩大）会议精神的东风，推动全国各个省市自治区把计划生育政策统一到 1982 年中央 11 号文件精神上，要求凡是执行政策与现行的计划生育政策不相符合的省、市、自治区，都要请示国务院。计划生育自行其是的状况有了较大的改变，截至 1989 年年底，除了京、津、沪 3 个直辖市和江苏省，四川的平坝地区继续推行原来的一对夫妇只生一个孩子的政策以外，有 18 个省、自治区、直辖市先后以《计划生育条例》的形式将现行政策稳定下来，明确宣布实行"女儿户"政策的有河北、山西、内蒙古、辽宁、吉林、黑龙江、浙江、安徽、福建、江西、山东、河南、湖北、湖南、广西、贵州、陕西、甘肃等 18 个省或者自治区，总人口约 5.86 亿。[83]

82　有关 1988 年 3 月 31 日中共中央政治局常委会第 18 次会议情况，均取自于以下 3 份材料：梁中堂室藏人口与计划生育研究资料，1988042101，《国家计生委彭珮云主任在中国计划生育协会第二届理事会第三次会议上的讲话》，梁中堂室藏人口与计划生育研究资料，1988051201，《彭珮云在全国计划生育主任会议闭幕时的讲话〉，《中共中央政治局常委会第 18 次会议讨论国家计划生育委员会的汇报提纲》，《中国计划生育全书》第 475-476 页。
83　梁中堂室藏人口与计划生育研究资料，1989120700，国家计划生育委员会《关于计划生育工作中几个重大问题的请示》。

第十节

1989 年夏天的政治风波。10 月 30 日至 11 月 9 日，中共中央十三届五中全会，以及全会前的中央工作会议，王震：这几年农村人口失控，与包产到户有关，与赵紫阳同志主张开口子有关。宋健：按现在的增长速度，我国到 2000 年将超过十五亿。……有些干部对人口问题的严重性、紧迫性认识不足。赵紫阳同志在这个问题上就是听不进去。1989 年 12 月 7 日，彭珮云：现行计划生育政策是党中央决定的，不是赵紫阳个人的决策

  1989 年夏，中国政坛经历了赵紫阳事件的政治风波。随着赵紫阳凄然下台，社会也出现了一场针对赵紫阳生育政策的政治清算。1989 年 10 月 30 日至 11 月 9 日召开的中共中央十三届五中全会和全会前面的中央工作会议上，党内高层一些人士对赵紫阳的人口政策提出了批评。中央顾问委员会副主任、国家副主席王震在会上说："一定要把控制人口当作一件大事来抓，重点要放在农村。这几年农村人口失控，与包产到户有关，与赵紫阳同志主张开口子有关。"

  国务委员、国家科委主任宋健说："按现在的增长速度，我国到 2000 年将超过十五亿。耕地越来越少，人口越来越多，怎么过？我们的计划生育取得了很大成绩，但有些干部对人口问题的严重性、紧迫性认识不足。赵紫阳同志在这个问题上就是听不进去。中央一些老同志，如陈云、王震曾多次强调过这个问题，建议中央高度重视人口问题，抓好计划生育工作。少数民族地区，也应认真抓好计划生育工作。"

  人大副委员长彭冲说："前几年老说开小口，造成了思想混乱。"

  中顾委委员钱信忠说："李鹏同志讲话中有一段话，'要纠正过去赵紫阳同志那种对重大政策变换频繁、极不慎重的态度和做法使我们的改革既积极又稳妥地、扎扎实实地进行下去'。我非常赞成。赵紫阳同志在人口问题上就采取了这种手法，1984 年他就提出开小口堵大口，意思是照顾是独女户的可以生二胎。认为这样就可以堵住多胎了。结果这几年至少多生了 5000 万左右，国家需要多开支8000 亿元，从而带来严重的经济问题。照这样下去，到本世纪末把我国人口控制在 12 亿以内是根本打不住的，要超过 13 亿。因此，要把人口政策提高到政治、经济的高度来认识。人口政策不能随意改变，更不能乱开口子。" [84]

王震、宋健等人在中央会议上的发言，虽然没有提"女儿户"和现行计划生育政策，但是，由于自 1981 年 9 月 10 日中央书记处 122 次会议上提出允许农民普遍生育二孩和生了一个女孩的农民可以再生一个的两种方案以后，尤其是 1982 年中央颁发 11 号文件以后，总是赵紫阳站出来反对经典的"一胎化"生育政策。所以，中央高层反对赵紫阳的声音，实质上是对以"女儿户"为核心的现行计划生育政策所表达的不满，是要把一年前才开始贯彻现行生育政策的计划生育工作拉回到 1979 年至 1982 年的陈慕华的极为经典的严格"一胎化"的时代。

随着赵紫阳的下台，社会上的风潮更大。"女儿户"是赵紫阳的政策，翼城实验是赵紫阳的试点……，各种说法不胫而走。其时，彭珮云在全国推行贯彻现行的计划生育政策还在路上。1989 年 12 月 7 日，彭珮云顶着"'女儿户'是赵紫阳的政策"的压力，凭其政治智慧和胆识，向中央政治局常委、国务院总理李鹏汇报计划生育工作中几个重大问题，理直气壮地说：

我们认为，现行生育政策是党中央决定的，不能认为这是赵紫

84　梁中堂室藏人口与计划生育研究资料，1989110900，《中央工作会议和党的十三届五中全会文件、简报中有关计划生育、优生优育内容的段落、发言》。王震、宋健、彭冲、钱信忠的发言，均取自这个文件。

阳同志的个人的决策。批评"照顾独女户生二胎"是重男轻女，会引起性比例失调的说法也是不对的。[85]

中央肯定了彭珮云的说法。[86] 彭珮云坚持把既定的工作方针推行下去，至 1990 年年底，除了西藏、新疆、江苏，以及京、津、沪等个别地区以外，全国的生育政策基本上由"一胎化"扩展到了以"女儿户"为核心的现行生育政策时代。

在中国共产党的历史上，这是一段很奇葩的事情。胡耀邦赵紫阳作为党中央国务院的最高领导人，自 1981 年起就提出了以"女儿户"为核心的计划生育政策。但是，在其执政期间几近 10 年里得不到贯彻。1989 年，随着赵紫阳的下台，中国政治局面结束了胡耀邦和赵紫阳的时代，而计划生育却高调进入到胡耀邦赵紫阳所制订的现行计划生育政策的历史阶段。

85　梁中堂室藏人口与计划生育研究资料，1989120700，国家计划生育委员会文件《关于计划生育工作中几个重大问题的请示》国计生厅字[1989]第 291 号，第 9 页。

86　笔者当时并不知道彭珮云在中央层面的斗争。1990 年 1 月 5 日，笔者在中国人口学会第五次全国人口理论科学讨论会的大会发言中，针对政治局委员、国务委员李铁映的"翼城是赵紫阳的试点"，理直气壮地指出翼城试点是根据我 1979 年的学术观点所争取到的学术实验。关于赵紫阳问题，我还说："应该承认，翼城县从 1985 年试点以后，赵紫阳对试点效果是十分关注的，是支持试点工作的。但是，我们不能把赵紫阳的支持当作反对翼城实验的理由。赵紫阳作为一位在我国先后担任过国务院总理和中共中央总书记的党和国家领导人，曾决定和参与过许多重大事情。我们不能，也不允许因为他的领导或者参与就否定那些事情本身。尤其我们学术界企图借用赵紫阳而否定翼城实验，实际上是把学术政治化，是一种学术上软弱无力的表现。"拙著《中国生育政策研究》，山西人民出版社，2014 年，第 448 页。

第十一节

结 束 语

（一）胡耀邦和赵紫阳都是在 1978 年党的十一届三中全会以后，随着邓小平逐步取代华国锋而获得党和国家最高权力以后才逐步走到党和国家的领导岗位的。上个世纪 70 年代末至 80 年代的大约 10 年里，中国政坛形成了邓小平作为党和国家的实际最高领导人处在二线，而分别担任党和国家最高领导职务的胡耀邦和赵紫阳居于前台的"邓小平-胡耀邦赵紫阳"特别组合的政治体制。

（二）上个世纪 70 年代末，曾经是毛泽东时代的党和国家重要领导成员的邓小平和陈云，把新中国最初 30 年因实行计划经济等方面的原因而导致经济发展缓慢，人民生活不能得到及时改善的原因，归结为人口众多。"中国人口多，困难大"的基本国情，是邓小平-胡耀邦赵紫阳政治集团执政的基本理念。

（三）上个世纪 70 年代中后期，尤其是毛泽东去世以后，随着文化大革命中被打倒和"靠边站"的一大批干部重新走到领导岗位，一种借维护与坚持计划经济制度而扩张政府权力的强大政治思潮得以形成。这股以党和政府工作人员为核心所构成的政治势力打着否定文化大革命的旗号，以比毛泽东更左的手法否定毛泽东，把毛泽东在节制生育意义上实行计划生育的制度推进到计划经济必须实行管制国民生育行为的计划生育制度。

（四）1979 年已经走到党的领导岗位的胡耀邦，在推动计划生育由提倡节育到实行强制性的计划生育制度的转变过程里，曾起到重要作用。其一，陈慕华 1979 年 6 月 27 日第一次提出"一胎化"的中央党校讲课，是应胡耀邦的邀请进行的，其讲话稿是经过胡耀邦审阅同意的。另外，因为胡耀邦当时还担任中宣部部长，所以，明确承载着"一胎化"词句的讲话稿在人民日报上公开发表，也应该是他安排的。

其二，为马寅初平反活动是在胡耀邦的推动下进行的。1979 年，胡耀邦借为马寅初平反制造了一个神话，说马寅初最早提出计划生育并建议毛泽东实行，毛先是同意后又反悔批判了马寅初。错批一人，误增三亿。因为毛泽东放弃计划生育，造成中国人口的盲目增长，为四化建设带来极大的困难。这是胡耀邦多次讲我们在人口问题上犯过错误的实际含义，而管制国民生育行为的计划生育制度也就是在这一社会思潮的推动下建立的。

（五）邓小平作为毛泽东时代的重要领导人，当然清楚地知道计划生育是由毛泽东最早提出来的，而且毛泽东是放手支持主持中央日常事务的刘少奇和邓小平抓计划生育工作的。文化大革命以前的邓小平，文革中复出的邓小平，都在毛泽东领导下抓过计划生育工作。这是其一。其二，文革前康生是以邓小平为总书记的中央书记处重要成员，邓小平也该知道马寅初在 1958 年至 1960 年被批判不可能是康生发动的。其三，马寅初是享有国家领导人待遇的民主人士，是接受由中央总书记邓小平具体领导下的中央统战部管理的，即使 1960 年辞去北大校长职务以后（邓小平的总书记职务是管干部的，没有邓小平的参与，马寅初辞去北大校长职务的行为是无法完成的），仍然参加一些与毛泽东、周恩来相关的活动。1965 年，马寅初由全国人大常委调整为全国政协常委，甚至在政协大会上还担任过主席团执行主席。文化大革命以后，1978 年，邓小平担任第五届全国政协主席，马寅初年近百岁还继续担任政协委员。所以，马寅初的问题并不属于当时平反冤假错案范畴的冤、假、错案，更不是因"新人口论"获罪，所有这些，邓小平作为主持日常工作的中央领导人，应该是清楚的。但是，邓小平却深刻地参与了胡耀邦所推动的为马寅初的平反活动，默认社会流传马寅初最早提出计划生育，毛泽东先是接受了马寅初的建议而后又反悔并指使康生陈伯达批判了马寅初。

这是一种很奇特的历史现象。笔者在研究计划生育历史的过程里，发现以人口学家身份上位的，先后担任过国家计划生育委员会副主任和全国人大副委员长的蒋正华，在叙述国家计生委当年的计划生育试点的时候，把王伟时代批准的近 50 个试点中只有山西省翼城县一个二胎试点，说成 50 个试点都是二胎实验。

1988 年 5 月，国家计生委曾发文通知甘肃省酒泉地区和徽县为二胎实验的试点单位。1989 年年 11 月，甘肃省人民政府在省人大通过以"女儿户"为核心内容的新计划生育条例时，又明确否定了国家计生委的这两个试点，要求它们统一执行省人大通过的计生条例。李宏规在国家计生委机关一直做政策研究与管理工作，竟在 2000 年带领一个有 10 多位人口学家参加的队伍，把酒泉地区当作自 1984 年以来一直实行二胎政策的地区予以调研。

还有，从 50 年代初中期党中央提倡节制生育和实行管制国民的生育行为的计划生育以来，生育政策始终都是由中央制定、颁布和严格管理的。彭珮云自 1988 年至 1998 年担任过 10 年的国家计划生育委员会主任（1993 年 3 月六届全国人大一次会议任命其为国务委员、国家计划生育委员会主任），当然知道没有经过国家计划生育委员会的批准，任何地方和单位都不可能实行比中央要求更为宽松的二胎政策。但是，在她的参与和推动下，历经数年，先后有数十位著名人口学家参与的一本名为《八百万人的实践》的书，竟把本不是实行二孩政策的甘肃省酒泉地区、河北省承德地区和湖北省恩施土家族苗族自治州，都当作自 80 年代中期开始至作者出书的 2009 年（当然包括彭珮云担任国家计生委主任的 10 年时间）一直都是经过批准而实行二孩政策的地方。

需要说明的是，笔者并不认为邓小平、蒋正华、李宏规、彭珮云有意要歪曲历史。但是，国家机关中这一亲历者在经过一段时间并不很长的历史以后，竟把自己工作中应该了解，甚至是亲历过的历史心安理得地扭曲成为相反的情况，是值得历史研究者予以研究的一个历史现象。

（六）胡耀邦长期做共青团的工作。共青团也是一种群众工作。群众利益，党群关系，都是中国共产党至关重要的原则问题。所以，当在他的参与和推动下形成强制性的计划生育制度以后，面对计划生育与人民群众的严重矛盾和冲突，企图在实行管制国民生育行为的计划生育制度的安排下，要求"把计划生育建立在合情合理，群众拥护，干部好做工作的基础上"，无异于追求一种圆的方，或方的圆。这是胡耀邦赵紫阳整个 80 年代在计划生育工作上左冲右突，始终未能突围的根本原因。

（七）赵紫阳与胡耀邦有着相同与相近的思想认识，都是以邓小平和陈云的人口思想为其思想基础的，主张计划经济意义上的计划生育的。虽然赵紫阳说他在四川担任省委书记的时候，从未要求农村实行"一胎化"，但是，并不等于四川省没有执行"一胎化"的政策。事实上，1979 年陈慕华提出"一胎化"政策以后，四川省是最为积极贯彻的省份之一。1980 年 8 月，赵紫阳担任国务院总理。1981 年 3 月 6 日，赵紫阳就签署文件提请全国人大常委会审议通过决定，撤销国务院计划生育领导小组，批准在国务院设立国家计划生育委员会，统一管理全国的计划生育工作。1982 年 8 月 18 日，赵紫阳对着全国的计划生育工作的代表说，"计划生育是我国的基本国策"。赵紫阳的这一著名命题，立即被胡耀邦写进十二大通过的工作报告里，成为中国共产党的执政的主要方针。可见，管制国民生育的计划生育制度能够在 70 年代末至 80 年代初很短的几年内得以迅速建立和形成，赵紫阳也是有重要贡献的。

（八）赵紫阳从地委书记、省委书记做起，有着中国共产党内高级干部少有的比较务实的工作作风。他对中国农业、农村和农民比较了解，所以认为"一胎化"在城市推行得下去，而农村则有问题。赵紫阳认为，一个政策必须得到大多数人的支持。"一胎化"得不到大多数农民的支持，可能出现干部撒手不管，计划生育放任自流，人口泛滥。这是赵紫阳提出放宽农村生育政策两个方案的初衷。

因为胡耀邦和赵紫阳都有改变和完善不分城乡的"一胎化"政策的想法，所以能够走到一起。

1981 年 6 月 27 日至 29 日，党的十一届六中全会刚刚确定了胡耀邦和赵紫阳在党内的领导地位，9 月 10 日，胡耀邦即召开中央书记处 122 次会议，联手赵紫阳解决计划生育政策问题。赵紫阳在会议上提出了普遍允许农民生二胎和生了一个女孩的可以再生一个的两种政策方案。

但是，在这个涉及每一位国民切身利害的重大问题上，胡耀邦不是主持中央书记处会议由中央讨论决定，而是以显示其民主作风的方式洒脱地交给国家计划生育委员会主任陈慕华"走走群众路线"，征求各个省、市、自治区党委的意见，然后替中央起草一份文件下发。

（九）政出中央，这是中国共产党的一项基本制度。但是，上个世纪 70 年代末至 2015 年计划生育逐步走向终结，从陈慕华所开创的一段计划生育的历史却有着与上述基本原则不一致的工作范式。

首先，让我们看 70 年代末，胡耀邦和赵紫阳到达中央以前的情况。1978 年 10 月 28 日中共中央颁发的 69 号文件，提出"提倡一对夫妇生育子女数一个不少两个正好"。这是中国共产党中央的文件里第一次明确约束国民生育孩子的数量，不过因为说"提倡"，人们还可以将其视之为非强制性。我们在《陈慕华主管计划生育》一文里研究发现，即使这样，陈慕华谋求这一政策，也还是费了周折的。1978年 6 月 26 日至 28 日召开的国务院计划生育领导小组第一次会议，8 月 19 日给中央呈递报告，10 月 28 日才得到中央的批转，反映了在陈慕华要求管制国民生育行为的问题上，党中央主席华国锋的犹豫。

但是，本是陈慕华所争取到的政策，她却从未执行过，——早在1979 年 1 月贯彻 1978 年中央 69 号文件的全国计划生育办公室主任会议上，她就开始甩掉后半句"最多两个"而只要前半句"提倡一对夫妇只生一个孩子"。6 月 27 日，陈慕华在中央党校讲课时进而提出

"一胎化"。陈慕华私自改变中央政策，一点也不讳言。12 月 18 日，陈慕华在全国计划生育办公室主任会议上说：

> 提倡一对夫妇最好生一个孩子，是我们计划生育工作的着重点转移。过去我们说，"最好一个，最多两个"，现在提出来"最好一个"，后面那个"最多两个"没有了。这是目前我国人口发展中的一个战略性要求……[87]

毛泽东说，政策和策略是党的生命。中央政策历来讲要原原本本地传达，全面贯彻，忠实地予以执行。1978 年中央 69 号文件所批准的生育政策是"提倡一对夫妇生育子女数最好一个最多两个"，如果全面理解，一是"提倡"，是号召，不是强制。国民可以响应号召，生一个或者两个孩子。如果不是这样，生多了或者少了，也不能说违犯了政策，或者违法。二是国民的生育子女数可以在一个或者二个之间做出选择，无论生一个或者二个，都是响应了党的号召。但是，中央 1978 年 10 月 28 日批转的文件，陈慕华从 1979 年 1 月 17 日召开的全国计划生育办公室主任会议开始（期间因为有一个为时一个多月的中央工作会议和十一届三中全会，贯彻中央 69 号会议的全国计划生育办公室主任会议才推迟了），就把"提倡一对夫妇生育子女数最好一个最多两个"改为"最好一个"和"一胎化"，把提倡和号召性质的政策转变成必须遵守的政策，成为法律，只准生一个了。中央分管领导明目张胆地、大张旗鼓地擅自改变党中央的政策，这在中国共产党以前的历史上是没有过的，但中央却予以默认和默许。

其次，1982 年 2 月 9 日，中共中央国务院以中央 11 号文件形式，颁发了以"女儿户"为核心内容的现行计划生育政策。这是胡耀邦赵紫阳所代表的党中央、国务院制订的大政策。但是，读者已经看到，这一政策从胡耀邦赵紫阳酝酿提出和颁布，到胡耀邦 1987 年 1 月下台，赵紫阳 1989 年夏天下台，期间几近 10 年的时间，始终都

---

[87] 《中国计划生育全书》，第 160 页。

未能在全国实行。党中央国务院颁布的最高规格的"红头文件"长期得不到贯彻执行，这在新中国的历史上，在中国共产党的历史上，都是绝无仅有的。

党和政府所领导的部门工作拒不执行党中央国务院的政策，那么，作为担任党中央国务院最高领导人的胡耀邦赵紫阳是如何对待的？

先看陈慕华时期。中国共产党历来讲究对党中央的文件"传达不过夜，执行不走样"。但是，1982 年中央 11 号文件是 1982 年 2 月 9 日颁发的，4 月中央任命钱信忠接替陈慕华担任国家计生委主任，期间有 2 个多月，担任中央总书记的胡耀邦和国务院总理的赵紫阳竟然都容忍陈慕华长期不作传达。

其次是钱信忠时期。1982 年 4 月份已经上任的钱信忠，一直拖到 8 月份才召开全国计划生育工作会议。即使如此，钱信忠也不是传达贯彻以"女儿户"为核心的中央 11 号文件，而是另行制订了 10 种特殊情况作为照顾生育二胎的条件替代中央的现行计划生育政策。奇怪的是，党中央国务院竟然同意钱信忠的要求，并且以中央办公厅国院办公厅 1982 年中办发 37 号文件形式批转了钱信忠的《全国计划生育工作会议纪要》，实际上是同意钱信忠以此取代中央 11 号文件。

在这个问题上，1982 年 8 月 18 日，赵紫阳在中南海对着出席全国计划生育工作会议的代表有着更为明确的交代，他说：

> 中央十一号文件下去以后，你们各省都有一些办法和规定，刚才不是讲四种情况嘛（指农村生育政策全国有四种执行情况），我主张稳定，现在就按各省自己定的办。各地现在的规定，将来证明可能有的严了一点，有的宽了一点，宽或严，反正现在都不动，就按照这个去做。[88]

88　梁中堂室藏人口与计划生育研究资料，1982081800，《赵紫阳总理听取全国

这就是说，赵紫阳明确同意钱信忠不执行由他所提出的"女儿户"政策的。

再看王伟。1983 年 12 月 9 日，王伟被中央任命接替钱信忠担任国家计划生育委员会主任。但是，王伟照样不执行 1982 年中央 11 号文件。王伟认为，他的前任只把照顾生二胎的比例控制在每年占新生儿 5%的幅度上，他要逐步扩大到 10%。奇怪的是，1984 年 1 月 19 日胡耀邦主持召开中央书记处 108 次会议，竟然接受了王伟以此为核心观点的工作汇报，却一点都不提党中央国务院颁发的 1982 年 11 号文件。[89] 4 月 5 日，胡耀邦主持召开中央书记处办公会议研究计划生育工作，在其会议决定事项通知里，重申了现行的计划生育政策。[90] 但是，仍令人难以理解的是，在 4 月 13 日中央批转的国家计生委《关于计划生育工作的情况报告》即 1984 年中央 7 号文件里，根本没有"女儿户"和现行计划生育政策相关的内容。这就是说，胡耀邦是同意王伟抛开 1982 年中央 11 号文件，继续沿着钱信忠的工作思路，只是把照顾生育二胎的比例由 5%扩大到 10%。[91]

王伟很有限的扩大照顾生二胎的政策也招致了非议。1986 年 12 月 2 日，赵紫阳在国务院召开的全国计划生育工作会议上讲话说："我赞成稳定政策，稳定现在执行的政策，不要变来变去。"[92] 这就是说，赵紫阳也是同意王伟不执行 1982 年中央 11 号文件的。

最后，如果仔细分析 1982 年中央 11 号文件的制订，以及 1989 年以后终于在全国得到了贯彻和执行，也不得不承认都是中央顺从了国家计划生育委员会的结果。

计划生育工作会议汇报时的讲话要点》。

89　梁中堂室藏人口与计划生育研究资料，1984011900，《中央会议决定事项通知》。

90　梁中堂室藏人口与计划生育研究资料，1984040500，《中央会议决定事项通知》。

91　《中国计划生育全书》，第 22 页。

92　梁中堂室藏人口与计划生育研究资料，1986120200，《赵紫阳同志在全国计划生育工作会议上的讲话》。

　　我们在前面已经说明，1981 年 9 月 10 日，赵紫阳在中央书记处 122 次会议上提出在农村放宽政策的两种方案以后，胡耀邦将决定实行哪种方案的决定权交给了陈慕华，让陈慕华"走走群众路线"，征求各个省、市、自治区党委的意见，代中央起草一份文件，在中央工作会议期间再征求省委书记的意见，最后由中央颁发。读者都知道，中国官方通常以座谈会的形式调查研究、征求意见，被召集参加会议的人往往就已经是有选择了，参加会议的人在会上的发言在很大程度上又要决定主持会议的人的倾向性，而主持人撰写的报告列举被调查人的观点和语言也都是作者的需要和选择。因为是中央决定要在赵紫阳提出的两种方案里二选其一，提出"一胎化"政策的陈慕华就选择了一种最靠近她的"一胎化"的"女儿户"政策。这一点连国家计划生育委员会自己也不避讳。1985 年 3 月，国家计划生育委员会副主任周伯萍在一次讲话中说："当时的国家计生委党组根据中央指示精神，按照第二方案从紧掌握的原则，代中央草拟了一个文件……这就是 1982 年中央 11 号文件。"[93] 所以，尽管是赵紫阳提出了允许农民普遍二孩和生了一个女孩的可以再生一个的两种方案，但是，是胡耀邦授权由国家计生委主任陈慕华主导而决定了以"女儿户"为核心内容的现行计划生育政策。

　　上述是 1982 年中央 11 号文件的制订，我们再看它在全国的实行。

　　1988 年 3 月 31 日中央常委第 18 次（扩大）会议上，中共中央总书记赵紫阳讲了 80 年代以来的计划生育政策的发展历史。新上任的国家计划生育委员会主任彭珮云听懂了总书记的主张，会后就在全国推行以"女儿户"为核心的现行的计划生育政策。1989 年夏天，赵紫阳下台。但是，彭珮云在全国推行"女儿户"的工作还在路上。包括国务院联系计划生育工作的政治局委员、国务委员李铁映，以及国务委员、国家科委主任宋健在内的一大帮人攻击"女儿户"是赵

---

93 《中国计划生育全书》，第 707 页。

紫阳的政策，翼城县是赵紫阳的试点。前一年开始在全国推行"女儿户"政策，并肯定翼城县实验的国家计划生育委员会主任彭珮云事实上被党内政治斗争和社会思潮推到一个尴尬的处境中。彭珮云以其政治智慧和胆识，在向中央政治局常委、国务院总理李鹏汇报计划生育工作中几个重大问题时，理直气壮地提出"现行生育政策是党中央决定的，不能认为是赵紫阳的决策"。中央同意了彭珮云的意见，彭珮云则坚持把正在做的工作继续推行下去，中国计划生育才算正式进入现行生育政策和稳定现行的计划生育政策的时代。这一以"女儿户"为核心的生育政策一直延续到 2015 年中央提出"普遍二孩"以后，自后的中央实际步骤则是逐步放弃了管制国民生育行为的计划生育制度。所以，1989 年以后的计划生育部门能够执行自 1982 年以胡耀邦赵紫阳为首的党中央国务院所决定而实际工作部门一直拒绝执行的现行计划生育政策，还是有赖于 1988 年至 1989 年的时任国家计划生育委员会主任彭珮云的选择与坚持。

㈩以上是就计划生育制度的历史事实来说的。中国共产党是一个有着严格的组织纪律性的革命政党，全党服从中央，这是它的一条铁律。但是，在计划生育问题上，似乎是倒过来了。究其所因，不能不探究计划生育制度的本质，以及中国共产党所提出来的人口问题的性质。

中国共产党在其执政的国家公共事务里设置了一个计划生育工作机构管理国民应不应该生孩子，这是现代国家，甚至是国家文明以前，人类社会都没有过的。那么，中国共产党设置计划生育工作的目的是什么？是要控制人口。而这一行为又是基于这样的认识，这种认识认为，中国人口太多了，影响国家建设，导致中国发展缓慢，所以要压缩人口规模，要减少人口，人民应该少生孩子。现在看，这都是错误的认识。

人类作为一种群体性动物，之所以能发展到今天，至少有一条从始至今一直共同遵守的法则，那就是自由生育，或，生育自由。在自然进化和自然经济基础上，人类共同体对外有争斗，有战争，有杀戮，对内却都是讲仁爱，讲慈爱，敬畏生命，遵守生育自由的原则，把生育当作每个人，尤其是每个女人的自然权利的。当人类发展到文明阶段以后，其社会共同体成为一种异化了的猛兽（霍布斯称其为"利维坦"），自然成长着越来越强烈的利益诉求，但是，它仍旧给个人保留着包括生育自由在内的一小块空间，并由此决定了任何氏族家庭，以及每个民族和民族国家，都是在既定的人口规模基础上谋求发展的。不直接干预生育，这是人类社会的一条基本原则。

这个问题再进一步阐述，第一，即是从 15 世纪末开始的世界近代历史，是人类社会翻开的新的一页，但就其本质来说，它仍然是一种自然体，自然过程，必须遵守自然法则。[94] 因此之故，第二，现代社会尤为强调生育自由，并明确说它是基本人权。[95] 基本人权就是自然法权，生而具有的权利。由此有决定了，第三，就一定的民族和民族国家来说，一定的人口规模都是既与的社会因素，是一定社会发展的自然前提和基础。[96] 由此又决定了，第四，公共政策中没有计划生育的位置，[97] 政府公权不得插手国民的生育。

但是，因为这个落后，人们不懂这些道理，毛泽东时代的时代就不懂。1957 年 2 月 27 日，毛泽东在最高国务会议上讲话说：

> 我们这个国家有这么多的人，这一点是世界各国都没有的。它

94　马克思："我的观点是：社会经济形态的发展是一个自然历史过程。"马克思《资本论》第一卷，人民出版社，1975 年，第 12 页。

95　世界卫生大会《第 18.49（1965）号决议：人类生育》；联合国：计划生育的人权方面，第ⅩⅤⅢ号决议，《国际人权会议最终文件》，德黑兰，1968年 4 月 22 日至 5 月 13 日，U.N.Doc.A/COEF.32/41，第 14 页；1974 年布加勒斯特世界人口会议：《世界人口行动计划》，第 14（f）段；联合国《世界人口会议报告》，1984 年，U.N.Doc.E/CONF.76/19，第 26 号建议。

96　马克思恩格斯："任何人类历史的第一个前提无疑是有生命个人的存在。……任何历史记载都应当从这些自然基础以及它们在历史进程中由于人们的活动而发生的变更出发。"马克思恩格斯《德意志意识形态》，《马克思恩格斯全集》第 2 卷，人民出版社，1957 年，第 23-34 页。

97　梁中堂 2011 年 9 月 15 日的网易博客《公共政策中没有计划生育的位置》，2018 年 12 月《梁中堂网易博客内容整理》II，第 227 页。

有这么多的人，六亿人口！这里头要提倡节育，少生一点就好了。要有计划地生产。……这个政府可能要设一个部门，设一个生育计划部好不好？或者设一个委员会吧，节育委员会，作为政府机关。[98]

所以，毛泽东就有管理国民生育的思想和想法。这是一个时代问题，时代落后。

因为是在做研究，笔者不能把问题简单归结为中国落后就算结束了，而必须进一步说明为什么中国就落后了？

人类在经过漫长的自然经济以后，从 15 世纪末至 16 世纪初率先由西欧的几个民族国家开启市场经济的新时代。马克思以资本主义冠名，称其为商品生产方式。这个以商品生产为基础的新时代已经有了 5、600 年的历史，但是，因为现时代的世界各个民族的自然和历史条件不同，商品生产制度对于每个民族来说就都有着不同的情况，——这一制度对西欧几个小的民族国家来说，是内生性的，即由其传统的自然经济内部自然生长出来的。对于世界上其他大多数民族国家来说，传统的经济制度还未发展到商品制度的阶段。但是，因为商品生产制度与传统的自然经济比较有着无比的优越性，所以，几乎所有的民族只要一接触到它，就都有了学习和效仿的冲动，纷纷引进和实行商品生产。马克思研究了世界近代史以来的人类历史发展的逻辑，将其概括为资本主义向世界各地扩张从而形成世界市场的过程。[99]

但是，这一过程对于中华民族来说，因为市场经济不是内生性，而是从外部嵌入的，其自然地理条件又决定了它必然是世界上最落后的。原来，市场经济制度的发源地在西欧，它在世界上的传递还有着它的规律，——商品生产制度是从其发源地西欧开始，向东、西方

98　中共中央文献研究室编《毛泽东传》（上），中央文献出版社，2003 年，第 625 页。

99　马克思："我考察资产阶级经济制度是按照以下的次序：**资本、土地所有制、雇佣劳动；国家、对外贸易、世界市场。**"《马克思恩格斯选集》第二卷，人民出版社，1972 年，第 81 页。黑体字是原文就有的。

依次递进传播的。中国与西欧的相对位置决定了，无论是经陆地或者海洋传播，中国都是最后的接受者。就陆路来说，因为西欧处在欧亚大陆的最西边，中国位于欧亚大陆的最东端，西欧文明从陆地经中欧、东欧、西亚、中亚到中国，自然是最后一环。如果经海洋传播，因为西欧在大西洋的东海岸，中国位于太平洋的西海岸，从西欧发源向西越过大西洋、北美洲、太平洋，再到中国，也是传播链上的最后一环。[100]

所以，当毛泽东及其中国共产党领导中国人民通过革命暴力实现了中国统一，终于可以全面学习新制度的时候，已经落后于西方500多年了。面向世界的毛泽东及其中国共产党一方面看到落后的中国与西方发达国家之间的巨大差距，自然心生焦虑。另一方面，同样因为现代化传播的规律决定了，毛泽东及其中国共产党作为较早接受西方文化的一批人，不是直接学习马克思有关资本的逻辑和世界市场理论，而是从紧邻的西方国家的列宁斯大林那里接受到的马克思主义思想意识形态，是把西方民族实行的生产制度当作负面的资

---

100 研究中国学习与引进西方文明的历史进程，则明显具有这一地缘递进发展的特征。当 1840 年英国政府用炮舰撬开中国大门，中国人民开始认识和接触世界的时候，以西欧文明为特征的世界近代史已经走过 400 多年了。如果不算初期未能形成潮流的发散性的引进，中国人大规模地吸收和学习现代西方思想，大约有过 3 波高潮。第一次是甲午战争以后的晚清至民国初年，主要是向东面的邻居日本学习的，第二次是从 1917 年俄国十月革命开始至 50 年代新中国掀起的学习马克思列宁主义高潮，是向西边的邻居俄国学习的，第三次是 80 年代以来，是通过向美国学习而逐步获得西方普世价值观的。如果探究生产的引进和发展，也具有这种显著的地缘政治的特点。从晚晴的洋务运动到民国时代，国人引进生产技术虽然也具有一定的地域性特征，但不很明显。新中国以后才开创了全面现代化的历史，其第一波是 50 年代通过大规模引进西边邻居苏联的生产技术实现的，至 60 年代初，当从苏联引进的 156 项工业项目基本完成的时候，新中国已经基本建成了现代工业体系。第二波是 80 年代至 90 年代，中国先是以接受华人资本的形式引进东临的港、澳、台，以及包括新加坡在内的东南亚的生产技术，尤其是 90 年代引进日本的生产技术，让中国的制造业明显上了一个台阶。第三波是从 90 年代中后期开始，尤其是 2001 年加入世界贸易组织以后，大规模地接受太平洋东海岸的美国转移出来的生产技术，中国的经济发展则明显可以与国际先进生产靠近了。

本主义予以彻底否定和批判的，是要建构一种跨越资本主义生产的社会制度，建设一种比西方资本主义更为优越的社会主义。另外，可能还需要考虑到战后美国政府制造的冷战思想意识形态，以美国为首的西方国家长期不承认新中国的合法性，对中国大陆实行封锁政策，以及当50年代末中苏关系恶化以后，毛泽东及其中国共产党要在一个封闭的环境里搞建设，中国众多的人口自然就变成他们心理上的一个巨大阴影了。

邓小平和陈云都曾经是毛泽东领导集团的重要成员，他们把中国人口多、困难大当作基本国情，是四化建设的障碍，说到底，还是来源于50年代初中期的毛泽东。但是，毛泽东作为伟大的政治家与中华民族的领袖，在长期的革命斗争中获取了人民是历史的主人的唯物主义历史观，尽管他也有这样的心理阴影，但懂得敬畏人民。所以，从50年代初中期至1976年去世以前，中国共产党所推行的计划生育又反复强调不许强制。不强制的计划生育，就只是节制生育意义上的计划生育了。[101] 必须说明的是，尽管笔者作这样的区分，但是，因为国家是一种暴力，由毛泽东推动的节制生育事实上已经是干预国民的生育了。也是因为毛泽东时代已经有了政府推动节制生育的铺垫，所以，当毛泽东去世以后，人们就能迅速把节制生育意义上的计划生育转变为管制国民生育行为的计划生育制度了。

不过，新中国的全部历史已经证明了，人口众多只是执政的中国共产党心理上的一个阴影，而不是、也不可能是经济发展的障碍。我们简单说明一下，——改革开放前约30年，共和国从5亿多人口发展到9亿多，人们吃不饱饭，甚至还发生过饿死几千万人的惨痛悲剧。改革开放后，现在号称14亿人口了，尽管不可以和发达国家的富裕程度做比较，但不可否认的是，不仅人民都可以吃饱饭了，而且整体性的富裕程度是40年、30年前我们自己无论怎样都想象不

---

101 拙著《新中国60年的计划生育：两种含义和两个30年》，《兰州商学院学报》2009年第6期。

到的。40 年前、30 年前，哪位中国人会想到人们有宽敞的住房，有私家车？人们平时没有深究，我们常说这都是改革开放带来的变化。但是，改革开放是什么？我们常说与世界接轨，与世界连接。接什么轨，连接什么？还不是连接世界市场体系，对接商品生产的轨道？所以，走市场化的道路，与世界各个国家的市场链接，就是通向富裕的道路，它与一个国家的人口多少，老百姓是不是生的孩子太多了，一点关系都没有。新中国如果早一点打开大门，早点面向西方，早点允许农民进城，一定比现在发展的还要快，还要好。所以，早期把人口众多当做发展的障碍，只不过是毛泽东及其执政的中国共产党人还未曾找见改革开放的发展道路以前的心理上的一个阴影。

因为人口问题只是执政者的一个心理阴影，而不是实际的发展障碍，从而不是国家公共事务里的客观存在，所以，政出中央和不折不扣地贯彻党中央的政策这一类的基本原则，在计划生育领域里就可以成为一种反常现象出现了，——华国锋曾经担任过第一届国务院计划生育领导小组组长，毛泽东在世的时候，1973 年，计划生育部门要制订政策管理国民的生育行为，他直接否定了。1978 年 9 月，陈慕华再次提交管制国民生育行为的报告，他虽然犹豫了一个多月，但还是同意批转了。

——1978 年 10 月，经陈慕华争取后得到的中央 69 号文件明确说"提倡一对夫妇生育子女数最好一个最多两个"，她却不执行，先在 1979 年 1 月提出"提倡一对夫妇只生一个孩子"，继而 6 月开始推行"一胎化"。中央明知道计划生育部门远离 1978 年中央 69 号文件精神，却从不批评和制止。

——1981 年 9 月 10 日，赵紫阳在中央书记处 122 次会议上提出允许农民普遍生育二个孩子和生了一个女孩的农民可以再生一个的两种方案。这应该是由党中央讨论决定的大政策，胡耀邦却可以轻率地交给给国家计划生育委员会主任陈慕华来决定。

——以胡耀邦赵紫阳为首的党中央国务院以 1982 年中央 11 号文件的形式颁布了现行的计划生育政策，但长期受到计划生育部门的抵制。胡耀邦赵紫阳不仅附和同意计划生育部门的意见，而且还先后以 1982 年中办 37 号文件、1984 年中央 7 号文件的形式，批转国家计划生育委员会的政策主张，实际上是取代了自己先前颁发的 1982 年 11 号文件。

——胡耀邦赵紫阳执政时期颁布的现行计划生育政策，在其几近 10 年的执政期间未能在全国实行。1989 年，当胡耀邦赵紫阳都成为历史以后，由于国家计划生育委员会主任彭珮云的坚持，现行计划生育政策才在全国稳定推行了近 20 年。

——可能最为有力的证据证明人口问题只是一个阴影的例子，那就是关于基本国策的说法了。1982 年 9 月党的十二大郑重提出："实行计划生育，是我国的一项基本国策。"自后，这个基本国策年年喊，月月喊，天天喊，喊了 30 多年。2015 年以后，人们越来越少地再提它，最近一些年甚至根本不再提它了。您说人口问题究竟是国家建设与发展中实际存在的一个障碍，还是人们心理上的一个阴影？

回到本文的题目上来。胡耀邦赵紫阳接受了自毛泽东至邓小平陈云心理上的那个阴影，把人口众多当作中国建设与发展的障碍，在实际工作中推动了管制国民生育行为的计划生育制度的构建，从而让他们自己也置身于这个牢笼里。一方面，他们真的以为人口多是中国发展的一个巨大障碍，旨在减少人口的计划生育很重要，要认真抓。另一方，因为作为客观存在的公共政策里没有计划生育的位置，所以又可以在实际工作中顺从和迁就计划生育部门，同意他们不执行中央既定的政策。但是，计划生育部门对国民生育行为的具体干预，尤其是严紧的政策和暴力事件破坏了社会和谐，导致了政府与人民关系的普遍紧张，作为党和国家第一线的最高领导人又不得不经常站出来予以制止和纠正，——这是胡耀邦赵紫阳整个 80 年代在计划生育领域内左冲右突，却始终未能突围的根本原因。

（2015 年 3 月 14 日至 2015 年下半年初稿，2024 年 11 月 4 日至 12 月 10 日修订）

赵紫阳与 80 年代以来的现行生育政策

　　赵紫阳能够在上个世纪80年代以来的中国计划生育政策方面起到主导作用，是与1980年中国政坛的变化相关的。1980年2月，中共十一届五中全会上，选举胡耀邦、赵紫阳为政治局常委。会议还决定设立中共中央书记处，作为中央政治局及其常务委员会领导下的经常工作机构，并选举胡耀邦为总书记。[102] 3月17日，中共中央决定撤销一年前成立的以陈云、李先念为正、副组长的国务院财政经济委员会，成立以赵紫阳为组长的中央财经领导小组。[103] 4月17日，人大常委会任命赵紫阳、万里为国务院副总理。[104] 4月25日，华国锋主持召开国务院常务会议，决定赵紫阳协助华国锋主持国务院日常工作。[105] 8月18日，中共中央召开政治局扩大会议，会议决定向全国人大建议华国锋不再担任国务院总理职务，由赵紫阳接替。9月11日，五届全国人大三次会议决定赵紫阳为国务院总理。[106] 而计划生育工作，历来是由国务院主管的。1978年，中共中央69号文件批示国务院计划生育领导小组的报告中，有一个生育政策"提倡一对夫妇生育子女数最好一个最多两个"的规定。但是，从1979年初春开始，计划生育管理部门就开始在全国不分城乡地推行一对夫妇只

---

102 新华社：《党的十一届五中全会胜利闭幕》，人民日报，1980 年 3 月 1 日，第一版。

103 《李先念传》，中央文献出版社，2009 年，第 1120 页。

104 人民日报，1980 年 4 月 17 日，第一版。

105 《李先念传》，中央文献出版社，2009 年，第 1122 页。

106 人民日报，1980 年 9 月 11 日，第一版。

生育一个孩子的政策。所以，国务院计划生育领导小组希望中央认可"一胎化"的政策。1980 年 6 月 26 日，中共中央书记处在听取中共中央政治局候补委员、国务院副总理陈慕华汇报计划生育工作的时候，同时由国务院计划生育领导小组向中央提出一个"人口问题汇报提纲"，提出"每对育龄夫妇的生育人数"等政策问题。中央书记处决定，这些问题先在财经领导小组讨论，再提到书记处讨论一次。关于奖励办法，也请国务院制定一个切实可行的政策。[107] 这样，就有了赵紫阳在整个 80 年代在计划生育政策方面所做的一系列努力。

一、赵紫阳对计划生育的基本认识

赵紫阳是邓小平一手扶持起来的，他在计划生育问题上的认识，也是与邓小平一致的。1982 年 8 月 18 日，赵紫阳在中南海接见参加全国计划生育工作会议的代表的讲话中，有一段话，比较全面和系统体现了他的思想。

控制人口是我国的一个很大的问题，一个重大方针，要作为我们的基本国策定下来，长期的持续地真正的贯彻下去，十年、二十年、五十年地做下去。

控制人口，关系到我国的四个现代化，对四个现代化的前途有重大的影响；也关系到我们政治和社会的稳定。如果不控制人口，中国四个现代化就会遭到绝大困难。可以这样说，我国四化建设的方针也好，政策也好，要真正能够取得好的效果，重要的条件之一，就是要控制人口。没有这样一个基本条件，其它再好的政策都很难收到满意的结果。

中国人口不控制不行。这是一件非抓不可的大事，决不能放松，我们现在制定的长远规划，不仅是经济规划，而且要搞经济、社会发

107　梁中堂自藏档案资料，1980062600，《一九八〇年六月二十六日中央书记处会议》。

展规划。社会发展规划的主要内容就是围绕着人口问题来考虑，如教育、卫生、住房、交通等都与人口问题密切相关。

我们现在人口太多了，必须看到人口问题的尖锐性、紧迫性。中国有 960 多万平方公里的土地，但东半部和西半部的情况不一样。只一般地讲 960 多万平方公里、10 亿人口，还不能说明中国人口问题的尖锐性、紧迫性，还要看到大约 94% 的人口，住在东半部的 480 万平方公里的土地上。另外 6% 的人口，住在西半部的 480 万平方公里的土地上。这里面还可以进一步分析。如四川省面积有 57 万平方公里，有 9000 多万人，其中有 7000 万人口住在 10 万平方公里的四川盆地里，从全国看，大概有四、五亿人口住在很狭小的地方，比如珠江三角洲、福建东南部、浙江、胶东、辽东等沿海地区，人口很稠密，住的非常挤。中国的基本情况，第一叫做人口多，耕地少，适合开垦的耕地也很少；第二，我国的农业资源总得来讲是丰富的，但按人平均还是有限的，不能够说是很多的。人口太多，吃饭、住房都是大问题。展望十年、二十年，食物构成不会有很大改变，粮食还是第一位的问题，如果吃不饱就会影响人民的身体素质。人口太多，普遍地实施教育就有很多困难，更不要说普及中等教育了。这就会使中华民族的文化水平受到影响，人口素质受到影响。

总之一句话，中国人口不能过多地增长，增加那么多不得了。我们一定要力争到本世纪末把人口控制在十二亿以内。是不是能够控制到十二亿，关键是要看我们的工作。[108]

所以，从理论认识来说，赵紫阳的计划生育思想和上个世纪 7、80 年代党和国家主流的认识没有明显的差异。但是，由于赵紫阳从 1949 年任中共中央华南区常委、农村工作部部长开始，到广东省委、内蒙古自治区党委和四川省委等担任书记期间，一直关注农村工作，对我国农村的实际发展有较深的认识，这就决定了他在计划生育问

---

108 梁中堂自藏档案资料，1982081004，《赵紫阳总理听取全国计划生育工作会议汇报时的讲话要点》（1982 年 8 月 18 日）。

题上不同于当时的计划生育部门的生育政策。

二、1979 年计划生育部门推行 "一胎化" 政策

在 1979 年 1 月全国计划生育办公室主任会议上，陈慕华第一次提出 "鼓励生一胎"。她说：

> 计划全国人口增长率今年降到 10‰，明年降到 9‰，这应该是可能的。要心中有数，要做工作，要把多胎控制住，鼓励生一胎，把人口降下来。我算了一下：一年如果只生 700 万到 800 万人，比现在再少生 1000 万，扣去死亡 600 多万，一年净增 100 万至 200 万，事情就比较好办了。现在一年出生 1700 万至 1800 万太高了。[109]

3 月 21 日，陈云在中央政治局会议上作了《调整国民经济，坚持按比例发展》的讲话。其中特别强调了 "我们国家是一个九亿多人口的大国，百分之八十的人口是农民" 这一国情。[110] 邓小平 23 日、30 日两次在政治局会议上讲话，都回应了陈云有关人口问题严重性的思想。[111] 也就是在这样的氛围中，陈云要求在计划生育上要采取更强硬的政策，主张 "明确规定'只准一个'"。按照党的工作惯例，

---

109 《国务院副总理、国务院计划生育领导小组组长陈慕华在全国计划生育办公室主任会议上的讲话》（节录），彭珮云《中国计划生育全书》，中国人口出版社 1997 年，第 302 页。

110 陈云：《调整国民经济，坚持按比例发展》，中共中央文献研究室编《三中全会以来——重要文献选编》（上），人民出版社，1982 年，第 74 页。

111 1989 年 3 月 23 日，邓小平在政治局会议讲话中说："人口增长要控制。在这方面，应该立法，限制人口增长。还说：我同外国人谈话，用了一个新名词：中国式的现代化。到本世纪末，我们大概只能达到发达国家七十年代的水平，人均收入不可能很高。" 中共中央文献研究室编《邓小平年谱（1975-1979）》（上），中央文献出版社，2004 年，第 497 页。3 月 30 日，邓小平在政治局会议上讲话中说："现在全国人口有九亿多，其中百分之八十是农民。人多有好的一面，也有不利的一面。在生产还不够发展的情况下，吃饭、教育和就业就成为严重的问题。我们要大力加强计划生育工作，但是即使若干年后人口不在增加，人口多的问题在一段时间内也仍然存在。" 邓小平：《坚持四项基本原则》，《邓小平文选》第二卷，人民出版社，1983 年，第 164 页。

陈云 6 月 1 日讲话会以通报形式向中央和有关方面传达。[112] 4 月 5 日，李先念代表党中央国务院在中央工作会议所作的报告中提出"鼓励一对夫妇最好只生一个孩子"。[113]

6 月 18 日，华国锋在五届人大二次会议的报告中说："……要订出切实可行的办法，奖励只生一个孩子的夫妇，……今年我们要力争使全国人口自然增长率降到 10‰左右，今后要继续努力使它逐年下降，1985 年要降到 5‰左右。"[114]

6 月 27 日，陈慕华给中央党校学员、工作人员及有关单位的同志约 2500 多人作关于计划生育工作的报告。7 月 6 日《人民日报》报道"陈慕华同志在中央党校讲计划生育课"时，其黑体标题就是《把工作重点放在"最好生一个"上来》。文章转述陈慕华的话说，"计划生育工作要把重点转移到最好生一个上来"。[115] 8 月 11 日，人民日报发表陈慕华在中央党校报告基础上形成的长篇文章《实现四个现代化，必须有计划地控制人口增长》，文章说："从我国的实际情况出发，长期地、自觉地、有计划地控制人口增长，这就是我们的方针。我们必须坚持这个方针，争取本世纪末做到人口自然增长率为零，即不增长。……我们应该减少以至消灭多胎现象，降低堕胎率，提倡一对夫妇只生一个孩子。""必须大力提倡和推广一对夫妇只生一个孩子，这是使人口自然增长率降低到零的主要办法，……

---

112 6 月 1 日，陈云对上海市负责人谈话时说，"人口是个爆炸性的问题"。陈云说："人口问题解决不好，将来不可收拾。"在谈到"制定法令"这条措施时，陈云说："先念同志对我说，实行'最好一个，最多两个'。我说再强硬些，明确规定'只准一个'。准备人家骂断子绝孙。不这样，将来不得了。"陈云中共中央文献研究室编：《陈云年谱》（下），中央文献出版社，2000 年，第 246 页；《陈云传》（下），中央文献出版社，2005 年，第 1595 页。因为陈云是 3 月 28 日南下杭州疗养的，他对李先念的谈话应发生在在南下之前。

113 李先念：《在中央工作会议上的讲话》，《三中全会以来重要文献选编》（上），第 133 页。

114 华国锋：《政府工作报告》，人民日报，1979 年 6 月 26 日，第一版。

115 人民日报：《把工作重点放在"最好生一个"上来》，人民日报，1979 年 7 月 6 日。

只要我们下大力气，花大功夫，做好工作，一胎化的比例是可以越来越高的。"[116]

　　实际上，有关部门从 1979 年上半年开始就把工作重心转移到"一对夫妇只生育一个孩子"上，并很快在全国各地培养出"只生一个"的先进单位和个人。1979 年，国务院计划生育办公室相应调整了工作报表，现有一个子女的夫妇数、已领取独生子女证夫妇数、领证率（％），已经成为上报国家统计局的统计指标。[117]

　　12 月 18 日，陈慕华在全国计划生育办公室主任会议上讲话中指出："一对夫妇最好生一个孩子，这是从今年以来开展计划生育工作的实践中，总结出来的控制人口增长的好经验。""把计划生育工作的重点，转移到一对夫妇最好生育一个孩子上来，是解决我国人口问题的战略任务。""牢固树立有计划地控制人口增长的战略思想，保证计划生育工作重点转移"。[118]

　　1980 年 1 月 4 日，中共中央、国务院以中发[1980]1 号文件批转国家计委《关于一九八零年国民经济计划安排情况的报告》和李先念《在全国计划会议上的讲话》。国家计委报告中说："计划生育要采取立法的、行政的、经济的措施，鼓励只生一胎。"[119] 1 月 9 日，陈慕华在军事科学院的报告中说：

　　我们现在的要求就是"最好一个"，这个口号是经过调查提出来的。如果我们不能做到这一点，那么，华总理提出的八五年降到千分之五的目标就实现不了，二○○○年人口增长持平的目标就达不到。我们应该从现在开始刹车，这个刹车"距离"就是二亿人口。从现在做起，按农村百分之八十，城市百分之九十夫妇一个孩子，到二○○

---

116 陈慕华：《实现四个现代化，必须有计划地控制人口增长》，人民日报，1979年 8 月 11 日，第二版。

117 《中国计划生育年鉴》编辑委员会编：《中国计划生育年鉴（1986）》，人民卫生出版社，1987 年，第 375 页。

118 新华社：《提倡一对夫妇最好生一个孩子》，1979 年 12 月 23 日，人民日报。

119 《中国计划生育全书》，第 1412 页。

〇年，还要增加两亿人。如果做不到这一点，两亿还打不住。只有这样，才能把人口控制住。[120]

"一胎化"已经成为中国一项重要的政策。

三、赵紫阳的农村生育政策可供选择的两种方案和现行的生育政策

1981 年 6 月，中共中央十一届六中全会选举胡耀邦为中共中央主席，选举赵紫阳、华国锋为中央副主席，选举邓小平为中央军委主席。至此，终于完成了以邓小平为核心、胡耀邦赵紫阳处于党政第一线领导位置的中国 80 年代的政治格局。9 月 10 日，中共中央书记处召开第 122 次会议，研究计划生育工作问题。赵紫阳提出他的主张。

有人告诉我，真正在农村不超过两胎，到本世纪末，人口年增长率不超过百分之一。中国能做到这一点，就很了不起了。我们的国民经济年增长率是百分之四以上，人口增长百分之一，我们的人口就没有什么危险，就比较稳妥。

中心问题要讨论清楚。我在四川从来没有提农村实行一胎化。城市里面肯定可以做到。肯定不要开一胎化这个闸，农村里面要有一个合理的要求，要有一个比较坚定的长期的政策。如果农村政策严重脱离实际，即使一个地方，一个时候，搞出点东西来，不能搞久下去。我跟慕华同志谈过，这是一个大政策，如果我们定政策定到一个不可能的基础上，最后会变成严重的自流，人口会泛滥。农村不能总是长时期定在过去的基础上。不能因为搞计划生育，而不实行生产责任制，把各方面的螺丝都拧得很紧。

现在农村的计划生育有两个问题：第一，实行责任制后，计划生育如何适应新的情况，防止自流状态。现在相当一些地区责任制落

---

120 自存档案资料，19800201，《谈谈人口问题——陈慕华同志在军事学院的报告》，中共甘肃省委党校教务处选编《教学参考》1980 年 2 月 1 日，第 68 期，第 18 页。

实以后，自流了，搞不好，几年之后人口会大泛滥。基层干部撒手不管，有什么办法？正是为了解决这个问题，必须在政策上适当地放松，同时又抓紧工作。政策适当放宽，和多数农民取得一致，我们的计划生育还有希望。如果不注意这个情况，结果我们相当一些地区，包括四川，会出现自流。至于政策放宽到什么程度，有两个方案：第一，干脆提倡一胎，采取切切实实的办法来鼓励，农村还是有些人响应，可以生一胎。还有一些人因为生理上的原因只能生一胎。还有不能生的。剩下的可以生两个。第一个生女孩子，第二个还生女孩子，再生不行了群众舆论也通不过。真正做到这一点，农村最多超不过百分之二。这样搞可能解决大问题，经过工作，跟相当多的农民站在一起，避免严重的强迫命令。现在我们要注意，真正工作抓得紧的，强迫命令相当严重。在中国这么一个国家，只要一胎是不可能的。只强调一胎，命令主义还要大发展。四川的命令主义够严重的，相当一些地区，跑到外地去生，生了以后带回来，你能把她杀了？

第二，也可以考虑另外一个办法，一般的还是一胎，但是第一胎生了女孩，可以同意再生一个。这样讲有个毛病，公开承认重男轻女，好像生女孩子不算孩子。文件上不能这样写，可以用另外一个话，比如说某些思想上实在不通，也可以批准生第二个。

城市生一胎，农村提倡一胎，允许两胎，杜绝三胎，或者农村一般也是一胎，某些思想特别不通的可以两胎（实际上指第一胎是女孩子，还可以生一胎）。万里同志主张，这个话不要讲，可以叫基层干部掌握。

总而言之，为了真正把计划生育工作搞下去，我们的政策必须放在农民能够接受的基础上，避免严重的强迫命令，避免自流。如果政策不符合农民的实际，会从另外一个方面助长自流，基层干部走不通就撒手不管。特别是在农村实行责任制的情况下，如果我们不针对这个实际，定的越严，人口会越多，最后大泛滥，这就是辩证法。搞包产到户，搞责任制以后，根据新的情况，抓紧工作，政策上从农村实际出发，这样下去，人口不一定像刚才讲的那样。应该看到，这几年搞计划生育有点基础了，农民不一定要求多生。

搞包产到户，搞责任制以后，做计划生育工作，除了政治上进行宣传教育外，主要还是经济上的奖励和惩罚。比如独生子女包产可以低一点，田可以多包一点。超过两个，不允许生的生了，经济上罚，交多少公益金、公积金。甚至可以考虑正式立法，农村超过两胎的，城市超过一胎的，征一道税。罗琼同志有个材料，如果在农村只准生一胎，独生子女有优待，农村生产队矛盾解决不了，生产队的负担也吃不消。有些可以生两胎，有些可以生一胎，经济上负担不一定那么大，矛盾也少。

我的基本观点，在中国现在这种情况下，发展中国家，农民占绝大多数，只要本世纪减到百分之一，到下一个世纪，人口就不会再增加。关键是这个世纪，只要不超过百分之一，经济上没有问题，在中国这个国家，我们硬是要减到千分之五，千分之六，本身就不是实事求是，脱离中国实际。如果中国这个国家还是百分之二，百分之四，中国没有前途。农村真正杜绝了三胎，一定不到两胎，城市一胎，或者一胎多一点，基本上一胎，这样，递增率我估计不会超过百分之一，整个发展中国家百分之二以上。如果我们减到百分之一，很了不起了。[121]

胡耀邦、习仲勋等支持赵紫阳的意见。胡耀邦说：

关键是这么个问题。一胎化，开始就有争论，现在也有不通，突出反对的是谭老板，妇联也反对。所有同志都赞成计划生育，城市一胎也没有问题，主要是农村定在什么线上？现在是畏难情绪很重。我今年四月到浙江，他们说，计划生育开展不了。紫阳、万里同志提出这么个观点，我觉得值得考虑，就是我们的政策定在大多数群众不接受，必然走到反面。调高而和寡，现在不是和寡的问题，是反抗的问题，使我们广大干部不敢去抓，使广大做计划生育工作的同志很为难。计划生育委员会心是好心，做了许多工作，这个要肯定。现

---

121 梁中堂自藏档案资料，1981091001，《赵紫阳、胡耀邦等同志在中央书记处第 122 次会议上关于计划生育问题的发言》。

在根据新的情况，根据实行的结果，走不通，反而使计划生育工作会有流产的危险，为着使计划生育更好地贯彻下去，我赞成城市里面不要松动，就是一胎化，重点就是农村，提倡一胎，允许两胎，杜绝三胎，要采取一点经济措施。[122]

会后，中央给国家计划生育委员会党组的"会议决定事项通知"将会议讨论的结果条理化了。

在各级党委、政府的领导和计划生育工作人员的努力下，我国的计划生育工作取得了很大成绩，为今后继续开展这项工作打下了良好的基础。

农村实行各种形式的联产计酬生产责任制后，我国的计划生育工作面临着一些新的情况。我们必须根据新的形势和实践经验，对计划生育工作的方针政策进一步加以研究，使其更加符合实际情况，易为广大群众接受，经过工作可能实现。近年来的实践经验证明，今后在城市仍然应该毫不动摇地继续坚持提倡每对夫妇只生一胎，在农村则要根据农村实行责任制以后的新情况，一方面抓紧工作，一方面适当放宽，制定一个为广大农民能够接受的比较坚定的长期的政策，使党的计划生育的方针政策和多数农民取得一致。只有这样，计划生育工作才能顺利开展下去。如果我们党的计划生育工作的政策脱离当前农村实际，要求过高，大多数群众不愿接受，其结果，要么就是发生更严重的强迫命令现象，同农民对立起来；要么就是基层干部对计划生育工作撒手不管，放任自流，最后走向反面，人口大量增长。在中国现在的情况下，农村每对夫妇只允许生一胎是不可能的。我们不能因为搞计划生育，而不实行生产责任制，把各方面的螺丝都拧得过紧。

至于农村计划生育放宽到什么程度，有两个方案：第一，提倡每对夫妇只生一胎，允许生两胎，杜绝三胎；第二，一般提倡每对夫妇

122《赵紫阳、胡耀邦等同志在中央书记处第 122 次会议上关于计划生育问题的发言》。

只生一胎，有实际困难的，可以批准生两胎。不管采取哪一个方案，都要切切实实做好工作。除了做好思想政治工作外，还要有切实可行的经济上的奖惩措施。比如超过两个孩子，要多交公益金、公积金。也可以考虑正式立法，对农村超过两胎、城市超过一胎的，征收超生税。在少数民族中，也要提倡计划生育。

会议决定，请陈慕华同志根据书记处讨论的意见，走走群众路线，找有关的专家和基层同志，讨论一下这个问题，十月底拿出一个简明扼要的文件，先发给各省、市、自治区党委征求意见，然后在十一月中央工作会议上，再征求各省、市、自治区党委书记的意见。我们的政策要建筑在切实可行、能为广大群众接受的基础上，要通俗明了，简便易行。有了这样的政策以后，全党上上下下，就要鼓足勇气，大张旗鼓，理直气壮地去做工作。[123]

在国家计划生育委员会党组的主持下，最后形成以赵紫阳的第二方案为依据的现行的计划生育政策。1982 年 2 月 9 日，中共中央国务院联合颁发了《关于进一步做好计划生育工作的指示》即中发〔1982〕11 号文件。该文件关于生育政策的表述：

我们的计划生育工作要继续提倡晚婚、晚育、少生、优生。具体要求是：

国家干部和职工、城镇居民，除特殊情况经批准者外，一对夫妇只生育一个孩子。

农村普遍提倡一对夫妇只生育一个孩子，某些群众确有困难要求生二胎的，经过审批可以有计划地安排。不论那一种情况都不能生三胎。

对于少数民族，也要提倡计划生育，在要求上，可适当放宽。具体规定由民族自治地方和有关省、自治区，根据当地实际情况制定，

---

123 梁中堂自藏档案资料，1981091002，《中央会议事项通知》（中央书记处第122 次会议）。

报上一级人大常委会或人民政府批准后执行。[124]

　　文中"某些群众确有困难要求生二胎的，经过审批可以有计划地安排"，当然是"女儿户"的一种特殊表述。

四、"开小口，堵大口"和中央的"缓和渐变"

　　与原来实际推行的"一胎化"生育政策比较，无疑农民的"女儿户"是中共中央11号文件的亮点。但是，中共中央国务院《关于进一步做好计划生育工作的指示》颁发以后，全国自上而下似乎都不知道"女儿户"政策的存在，没有任何一个省份把农村开放"女儿户"作为中央文件的新精神予以传达、贯彻。如此对待中共中央的红头文件，这在新中国历史上属于一个绝无仅有的特例。国家计划生育委员会和地方党组织都把"进一步做好计划生育工作"当作中共中央和国务院新的文件的主题词和关键词。8月10日，国家计划生育委员会主任钱信忠在全国计划生育工作会议的报告中继续强调说："……必须在本世纪末把人口控制在十二亿之内，厉行普遍提倡一对夫妇只生育一个孩子的政策。"按照党和国家的惯例，这次全国计划生育工作会议的主题就是要学习和贯彻中共中央11号文件的。但是，钱信忠在会议报告中强调"全面正确地落实好党的计划生育政策"时，却说："关于农村二胎生育，各省、市、自治区都要具体规定和要求。总的要求是严格控制二胎生育，适当照顾确有实际困难的某些群众。生育二胎的要按中央十一号文件的规定经过批准，反对无计划生育。"[125] 11号文件下达后，全国各地在以前允许生二胎的3个条件基础上，又规定了4、5种或者6、7种，[126] 这样允许

---

124 中共中央国务院《关于进一步做好计划生育工作的指示》，《中国计划生育全书》，第19页。

125 梁中堂自藏档案资料，1982081001，《把计划生育工作提高到一个新的水平——钱信忠主任在全国计划生育工作会议商的报告》。

126 中共中央办公厅国务院办公厅转发《全国计划生育工作会议纪要》中小发[1982]37号，《中国计划生育全书》，第22页。

生育二胎的只占一孩夫妇数的 5%以下。[127]

有关部门不愿意立即贯彻"女儿户"政策，赵紫阳也同意"各地当时的办法可以暂时不动，但要认真进行调查研究，总结经验，使政策逐步完善；同时肯定了山东'开小口子，堵大口子'的经验"。[128]我们不知道为什么国家计划生育委员会召开的全国计划生育工作会议，没有中央和国务院分管的领导参加会议并讲话。会议结束后，赵紫阳在中南海接见了出席会议的代表。在讲了一大段我们再前面引述的那段话之后，赵紫阳接着说：

中央十一号文件怎么正确理解呢？我的理解，不是放松计划生育，而是为了使计划生育、控制人口能够真正长期坚持下去，把我们的政策建立在比较符合实际的基础上，建立在行得通的基础上，要使多数人支持，至少相当一部分人支持。任何一项政策没有群众基础是行不通的。如果一下 70—80%的人成为积极力量不可能，至少要有 30—40%的人是积极力量，再团结一部分，就形成一种舆论。这样，我们计划生育的路子就好越走越宽。随着科学教育事业的发展，人民文化程度、思想觉悟的提高，医疗、避孕药具供应的改善，计划生育就会逐渐变成中国人民的一种习惯。有的人担心计划生育稍微放宽一点就可能收不住，结果证明放宽一点能更好地贯彻。山东的同志说的好："开了小口子，堵了大口子，开了前门堵了后门"。我看这个思想很重要。现在我们有些人还有点迷信，好像政策稍微实事求是一点，就怕什么浪潮啦。你不实事求是，靠拔蛮的办法，靠搞计划生育的同志在那里坐催，我看是不能持久的。这样搞，干部在农村也很孤立。那种担心开了口子会收不住的想法，是多余的。问题在于我们要把工作做好。

我们的政策要定的适当，合情合理，特别是在那些比较落后的

---

127 《中共中央批转国家计划生育委员会党组〈关于计划生育工作情况的汇报〉》中发[1984]7 号，《中国计划生育全书》，第 26 页。
128 《国家计划生育委员会副主任周伯萍在八、省、市计划生育工作汇报会上的讲话》，《中国计划生育全书》，第 708 页。

地方。政策合理一些，能够得到多数人的支持，在农村又形成一种舆论，少数人完全无计划生育的问题也容易解决。政策如果不放在能够做得通的基础上，就不能持久，结果会助长超计划生育。我相信，应当解决的问题干脆给他解决了，把各项工作跟上去，那么，超计划生育的就可以大大减少。现在有些地方计划生育只是在公社以上讲，到村里根本没人听你的，那里完全没计划，还是自流状态。形成自流状态一般有两种情况：一种是领导不重视，对计划生育的重大意义不认识，工作抓得不紧，这个就是领导的问题，工作的问题。还有一种情况，就是要求太高太急，同群众距离太远，结果没法贯彻，欲速则不达。

考虑人口政策、生育政策，既要看到问题的尖锐性和紧迫性，又要瞻前顾后，不能光顾眼前。人口老化问题可以不要那么担心，但是我们一定要看得远一点。比如，从长远来讲，男女的比例问题还得考虑，还有每一家如果都只生一个孩子，将来赡养人口也不能说不是一个问题。这些都是领导上要思索的问题，不必宣传，也不能因此而影响我们的决心，现在还是要狠抓计划生育，严格控制人口还是要提倡一对夫妇生一个孩了。

中央十一号文件下去以后，你们各省都有一些办法和规定，刚才不是讲四种情况嘛（指农村生育政策全国有四种执行情况），我主张稳定，现在就按各省自己定的办。各地现在的规定，将来证明可能有的严了一点，有的宽了一点，宽或严，反正现在都不动，就按照这个去做。在做的时候，领导机关要探索、研究、分析，经过两年或更多一些时间，能不能立个计划生育法。这个法根据不同的地区不同的情况，定出什么人可以生一胎，什么人可以生两胎，就是在同一个农村里，什么人可以生一个，什么人可以生两个，都必须明确地立法。立了法不能装在葫芦里，要公开宣布，使人家心中有数。这样，政策定得合理，就能得到大多数人的拥护，超计划生育的就可以大大减少。你只应当生一个，生了两个，你就违法。他不应当生两个，干部允许他生两个，那也是违法。要是他本来有条件生两个，你不让他生，他可以告状。没有法不行，有法不公布也不行。去年讨论这个问题的时候，搞计划生育的同志都主张把这个主动权放到下边去。作为一个过渡办法，我是赞成的，现在只能这样。但是，这个主动权都交给基层干部，就可能出现一些问题。他可能首先把生二胎安排给自己家里，安排给他的亲朋好友；有些同他关系不好的，明明人家够条件生二胎，他就不让生。你执行政策不公，人家就不听你那一套。基层干部如果掌握上有亲疏，不公正，就容易引起矛盾激化。

少数民族地区也要因地制宜搞计划生育，但要适当放宽。[129]

赵紫阳讲话中"小口子"，是指合理的、法定的生育二胎。"大口子"，是指计划外二胎和多胎。这个讲话精神等于认可有关部门和地方可以不执行中央 11 号文件中一下子解脱将近一半家庭农民的"女儿户"政策，继续推行"一胎化"。特别是经中共中央和国务院批准的《全国计划生育会议纪要》，事实上以中共中央文件的形式传达到全国各地。"纪要"说：

会议认为，我国地域辽阔，各地的情况差异很大，在具体政策掌握上，要分类指导，不能"一刀切"。各地已有的规定，在能够完成国家人口规划和本地区人口规划的前提下，要稳定下来，一般不要再作变动。同时，各级领导要做调查研究，探索规律，争取两年左右的时间研究制定出既能有效地控制人口，又比较切合实际的条例和法规。[130]

赵紫阳的这一指导思想在当时的中央取得了共识。1984 年中共中央 7 号文件以后，中央在给国家计划生育委员会党组的一个内部通知中进一步说：

本世纪末把我国人口控制在十二亿以内，是一个奋斗目标，我

---

129 《赵紫阳总理听取全国计划生育工作会议汇报时的讲话要点》（1982 年 8 月 18 日）。
130 《中国计划生育全书》，第 22 页。

们要努力实现这个目标，但是我国的生育政策，一定要建立在合情合理的、大多数群众拥护、干部好做工作的基础上。党的政策不能脱离实际。我们关于计划生育政策的实质，就是要逐步做到，除城市、城市郊区以外，在大部分农村地区逐步做到允许第一胎生女孩的再生第二胎。这一点只是在实际工作中掌握，不公开宣传，并要有一个缓和的渐变过程。从长远来看，如果能切实做到杜绝多胎，则允许生二胎并没有多大危险；同时，鉴于许多家庭对独生子姑息溺爱、教养不严，会使许多独生子独立生活能力很弱、任性、娇气，如果长期只允许生一胎，将来绝大多数人是独生子女，很可能影响民族的素质。因此，现行的计划生育政策，仍是一个历史阶段的政策，今后随着我国经济、文化水平等方面的提高，还可以进一步加以完善。[131]

这个"缓和渐变"，即逐步放宽政策以致最后达到"女儿户"。这是上个世纪80年代计划生育领域思想混乱，基层干部在计划生育问题上无所适从的根源。

五、胡启立批示引发的混乱和赵紫阳重申"女儿户"政策

人口生育现象具有一定的周期性。50年代末60年代初的中国低生育和60年代初中期延长到70年代初期的高出生现象，必然地在20年后再次出现。但是，提出和拥护"一胎化"政策的人却把80年代初期一度出现的新生儿减少当作推行"一胎化"的结果，特别是当1985年开始出现新的生育高峰的时候，又当作是现行的生育政策的结果。

1986年7月18日，由国务委员宋健兼任主任的国家科委给中央递交了一份题为《关于我国人口增长趋势的报告》的报告。该报告说："近一、二年，由于政策的放松，特别是广大农村的失控，妇女

---

131 梁中堂自藏档案资料，1984040500，《中央会议事项通知》（1984年4月5日）。

总和生育率又高上去了。""建议中央要重申严格实行计划生育的国策，一刻也不能放松，重新审查当前正在推行的多种'口子'方案。看来，今后十年至十五年仍应坚持一对夫妇只生一个孩子，适当照顾特殊情况允许生两胎……"。该报告还以附录形式报送了马宾给赵紫阳的信，季宗权给邓小平的信，马宾于景元小组的《关于我国人口发展趋势的预报》，以及国家统计局《今年上半年人口有较大幅度增长》的文章。其中马宾的信中，直截了当地提出"收回成命，取消试点"。[132]

国家科委在呈报这份报告时，使用了一系列违反组织原则的做法。按照规定，国家机关给中央的报告，一般不递交个人；如果给个人的报告或信件，最好采取直接送达的方式，一般不允许"某某并转某某"的方式。国家机关呈送的报告或文件，凡是递交国务院的则直接以国家机关的名义，而呈报中共中央的则应该以党组或党委的名义。另外，凡是报给中央或者国务院的文件，除允许个别"抄送"某人或某单位以外，一般不允许再一一署名呈报给中央或国务院各领导人。国家科委的这份报告是以"国家科委"名义上报的，报告抬头是"耀邦、紫阳同志并报小平同志"。该文"抄送：中央书记处、国务院各同志"，实际上如文化大革命散发传单一样，党和国家领导人人手一份。

还有，国家科委通过媒体逼使中央表态。7月30日，国家科委在其所主管的报纸《中国科技报》上刊登《本世纪末我国人口将达十二亿，实行计划生育不可稍有懈怠》的通讯。[133] 同一天，人民日报以"转载"当天《中国科技报》的方式刊登了简介文章。与此同时，新华社还播发了新闻稿。果不其然，中央有了反应。胡耀邦不知道在哪天阅读了该报告，在呈报他的名字上画了一个圈。8月2日，赵紫

---

132 梁中堂自存档案资料，1986071800，国家科委：《关于我国人口增长趋势的报告》，第3页，附件一第2页。

133 中国科技报讯：《本世纪末我国人口将达十二亿，实行计划生育不可稍有懈怠》，中国科技报，1986年7月30日，第一版。

阳在呈报他的报告上批示说："请告计生委，对今年上半年人口大幅度增长的情况与原因作一分析。"应该说，胡耀邦、赵紫阳并未同意报告的观点。4日，中共中央政治局委员、中央书记处常务书记胡启立看到赵紫阳的批示以后在国家科委报给他的"请启立同志阅知"的报告上具体批示说："赞成这个报告的观点。上面开口子，哪怕是合理的，下面就刮风。从现在起到本世纪末是'控'的问题，而不是'放'的问题，应坚决停止各种'开口子'的试点，坚决贯彻既定的计划生育方针。"

更有甚者，国家科委利用国家机关机要交换制度，把胡耀邦、赵紫阳、胡启立的批件复印交换给各国家机关。这显然是违反组织原则的做法。因为中央将中央领导的批示反馈给国家科委，只是告诉报告的呈送者该报告的处理情况和中央有关领导的批示意见，而中央领导的批示或指示究竟如何处理，则只能是由中央决定的事情。胡启立同意科委报告观点的批示，很快给中央机关和全国计划生育部门一个错觉，即由于政策的放松导致"人口失控"，生育政策需要再次收紧。10月13日，中共中央书记处307次会议提出："计划生育工作的宣传，要以现行的计划生育政策为准，不同意见可以在内部讨论，但不得公开宣传报道同现行政策不相符合的内容。"12月2日，赵紫阳在全国计划生育会议上着重讲了政策问题，他说：

统一认识，稳定政策。

这几年计划生育政策应当说更加完善了，更加符合实际了。我赞成稳定政策，稳定现在执行的政策，不要变来变去。计划生育工作本来很艰巨，政策老变来变去，下边不好办。在汉族地区，一对夫妇只生一个孩子仍然是主要的政策。首先是城镇仍不变动，不要松口子。但是农村，中央考虑，书记处考虑，我同耀邦同志、万里同志主张，农村不能完全一刀切。农村一对夫妇只生一个，不考虑任何特殊情况，执行起来难度很大。这样，反而助长了多生，多胎制止不了。因为它在群众中没有基础。所以，我们一直主张农村应该有个长期、稳定、得到多数农民支持的计划生育政策。除了过去规定的一些特殊情况可以生两个孩子以外，加一个独女户，只有一个女孩的，间隔几年允许生二胎。我认为严格按这个去办，不会因此而使中国人口爆炸，但是可以大大减少农村计划生育工作的难度，可以密切党和农民的关系，就不会发生那种大量外逃抢生的现象。再一个是可以防止溺婴。允许农村独女户生二胎这条政策不动，允许这样搞，允许这样做。问题是不要因此而产生错觉，以为计划生育工作不那么重要了，计划生育可以不认真抓了。实际上我们这样做的目的还是为了严格控制人口，为了使农村计划生育更好地推行，减少阻力，有利于减少多胎。

我最近看到一个材料说，山东多出生了一些人。我宁可信其有，不可信其无。我们执行一种政策常常有这种现象，由于大家思想准备不足，在开始的时候，往往理解上不完全一致。譬如说，原来我们说只准生一个，搞"一刀切"，强迫命令就比较严重。后来说可以适当照顾一点，有的地方工作就放松下来了。这不奇怪。但是不能让这种现象继续下去。对计划生育政策要正确地理解，正确地执行。开小口是为了堵大口，为了把计划生育政策建立在长期稳定的基础上，能够得到多数农民的支持。从长远来讲，这样做对计划生育有利。当然，大城市近郊不要开这个口子。大城市近郊文化比较发达，生育观念也不一样。我们都是从农村长大的，我们可以闭上眼睛想一想，不让只有一个女孩的夫妇再生一个，农民是难以接受的，因为女儿是要出嫁的。这不是重男轻女，是承认现实。这是中国的国情。经过多年来计划生育的宣传教育，现在我们可以做到不多生。对生了一个男孩的就要求她不要再生了，经过艰苦的工作，多数农民是可以接受的，或者说是勉强可以接受的。我们经常到农村去，有时到农户去访问，比如碰到四十多岁、三十多岁的人，问他有几个孩子，他首先一定要向你解释说："我这个孩子是没有开展计划生育以前生的。"说明他知道多生孩子不合法，多生孩子不光荣。提倡一对夫妇只生一个孩子，对有特殊情况的允许生两胎，是为了控制人口的增长。允许生两胎还得按计划，就是说要有间隔。我相信这个道理，加大间隔可以降低人口高峰，人口增长就不会过快，我觉得不会造成很大的问题。有间隔对孩子的教育有好处，对家庭、对母亲的健康有好处。但是如果不能正确理解和正确执行，认为可以松了，甚至放任不管，就会发生开了小口等着开大口，小口没开就先放开大口的现象。所以，我们现在确定，就这么一个政策，长期执行下去，至少十几年内不要再打算改变。我相信，这样一个政策，只要统一认识，正确理解，正确执行，不会带来人口过快增长，而有利于减少计划生育工作的阻力，取得群众的支持，也有利于解决多胎的问题。有些农村，交通、工农业、文化不是太发达的地方，如果群众多数思想不通，那多胎生育就很难制止，因为群众不支持。

对放松计划生育工作的现象，宁可信其有，不可信其无。就是这两年在酝酿完善计划生育政策，使政策更加符合实际的时候，可能造成某种错觉，至少在基层干部中造成某种错觉，认为中央的政策在继续变，不知会变成什么样子，"我现在抓那么紧，你将来又要变了，不是又要挨群众的骂了吗？"因此，他现在就等，对计划生育工作就不管或者不那么理直气壮地去管。这样就会出现某种生育自流的现象。这种情况的产生，除了开始进入人口高峰，除了早婚等等原因以外，还应当看到，这两年我们在酝酿完善计划生育政策中，可能发生了某种副作用，有某种自流现象。但是这不是政策本身的问题，是暂时的现象。要敢于承认它。我们全党都要把这个问题讲清楚。这是不可怕的。这种自流的现象不应该也不会继续发展下去。对我们计划生育的形势要作这么一个估计。

现在有两种看法：一种认为这两年"开口子"确实出现了一些副作用，或者说是不小的副作用；一种认为副作用没有那么大。要讲清楚，不能因此就说开个小口，就是政策本身有什么问题，不能这样看。最近我从统计材料上看到，山东人口增长是多了一些，可能有这个现象。另外一种情况在山东也确实存在，就是跑到辽宁讨饭、生了孩子后又抱回来的现象减少了。这说明党群关系缓和了，但是也可能工作放松了一点。因此现在要稳定政策，统一认识，并且正确地去执行。我认为经过几年，我们的情况就会变好，这样计划生育就能够长期稳定地坚持下去。

这里顺便谈一个问题，人口理论界有些争论。就是"只生一个子女"和"晚、稀、少"。有一部分学者主张不仅在农村，也包括城市都只生两胎，只要晚婚、晚育、间隔生，人口增长的结果与"只生一个"的结果一样，这是一个学派。我认为这种意见现在也不能轻易加以否定，但是现在不敢就这样办，因为这个理论没有经过实践。我说不敢现在就推广，更不要动摇现行的生育政策。但是允许给一块地方进行试验，给个地盘，实践一下，因为这不是一、两年可以说明问题的。如果经过十年，证明了实行这种办法人口增长率并没有提高，那我们就可以采取这个政策。现在已经选了几个地方，山西翼城县已经搞了一年多。全国指定几个地方试验，不要宣传。但是我们还寄予希望。如果这几个地方最后实践的结果证明是好的，顺乎民心，合乎民心，又能控制人口，那当然好了，何乐而不为！但是现在没有把握。我对这些同志的意见讲过一些支持的话，我是觉得如果能论证一下，如果确实这样，那当然很好，那就是个很好的政策，解决一个很大的问题。但是现在我们既不能对这部分同志的主张加以否定，也不能轻易地就拿来在全国推广，因为这个后果不清楚，所以允许试验。至于理论上的辩论、讨论，可以百家争鸣，但报纸上不必宣传这些东西。内部讨论，学术刊物上争论、辩论是可以的，允许在一些指定的地方试验。最后要看实践的结果怎么样。反正两种办法，全国绝大部分地方试行我刚才说的那个政策，个别地方实行这个政策，最后再作决定。[134]

六、1988 年全国两会期间召开政治局常委会议强调现行政策

1988 年 3 月 6 日，光明日报"议事堂"发表专栏文章，介绍"宋健同志指导下的一个研究小组"的观点，"有关专家认为我国人口现

---

134 梁中堂自存档案资料，19861202，《在全国计划生育工作会议上赵紫阳同志的讲话》，第 2-3 页。

状不容乐观，长官意志的干扰是出生率回升的重要原因”，再次把1985 年开始的出生人口增加原因归结到国家计划生育委员会的政策方面。[135] 3 月 16 日，全国两会期间，国家科委“人口—经济发展与对策”研究小组组长马宾、孔德勇、于景元签署《严格控制人口，迫在眉睫》，投寄给参加两会的全国人大代表和政协委员，“就前届期间贯彻人口基本国策的情况向大会反映，并希望得到大会代表的重视和讨论，及时解决目前人口失控的严重问题。”[136] 鉴于两会期间的混乱，3 月 31 日，中共中央召开中央政治局常务委员会举行第 18 次会议，讨论了国家计划生育委员会《计划生育工作汇报提纲》，总书记赵紫阳在会议上强调了以下几点。

一、把计划生育政策建立在既坚定而又可行的基础上，这是中央的决策

现行计划生育政策的形成，大体经历了这样一个过程：1980 年中共中央发出《关于控制我国人口增长问题致全体共产党员、共青团员的公开信》，提倡一对夫妇只生育一个孩子，同时指出：“某些群众确有困难，可以同意他们生育两个孩子，但是不能生三个孩子。”《公开信》发表以后的几年间，广大干部做了大量艰苦的工作，计划生育工作取得了很大的成绩。但是，工作中也存在一些问题，如有的地方方法简单，有的地方由于感到在农村提倡只生一个的政策难度大，就干脆撒手不管，放任自流，助长了多胎生育。这种情况下，山东省从实际出发提出“开小口，堵大口”，实行的效果较好，中央肯定了他们的做法。1984 年 4 月 5 日中央书记处办公会议指出，除城市、城市郊区以外，在部分农村地区逐步实行允许第一胎生女孩的夫妇再生第二胎的政策。在 1986 年 12 月全国计划生育工作会议上，

---

135 光明日报记者刘敬智：《长官意志的干扰是出生率回升的重要原因——有关专家认为我国人口现状不容乐观》，光明日报，1988 年 3 月 6 日，第二版。
136 梁中堂自存档案资料，国家科委“人口—经济发展与对策”研究小组：《严格控制人口，迫在眉睫》，第 1 页。

中央领导同志再次明确提出，农村应该有一个长期、稳定、得到多数农民支持的计划生育政策，除了过去规定的一些特殊情况可以生两个孩子以外，要求生第二胎的独生女户，间隔几年以后可允许生二胎，并特别强调，"间隔"非常重要。

中央认为，在农村实行这样的政策的出发点是，既要坚定不移地把计划生育工作抓紧，又要从实际出发，使计划生育政策能够为多数农民所接受，得到他们的支持。只有这样，计划生育工作才能有更坚实的基础，才能长期稳定地坚持下去。

实行这个政策，决不是从重男轻女的观点出发的，而是实事求是地考虑到，目前我国农村生产力水平还比较低，家庭还是生产单位，一个农户只有一个女孩子，在生产和生活上确有困难，允许农村独女户有计划地生育第二胎，将使我们的政策更能行得通，而且有利于减少计划外多胎生育，实现控制人口的目标。不少地方的实践已经证明了这一点。

二、近两年人口出生率回升，不是现行政策造成的

近两年人口出生率回升，主要有两个原因：一是受 60 年代、70 年代生育高峰的影响，当时出生的大量人口，现在到了生育年龄，因此又面临新的生育高峰，二是有些地方放松了计划生育工作，甚至撒手不管，放任自流。

三、必须统一思想，认真执行计划生育工作的现行政策

我国计划生育工作的现行政策是：提倡晚婚晚育，少生优生，提倡一对夫妇只生育一个孩子；国家干部和职工、城镇居民除特殊情况经过批准外，一对夫妇只生育一个孩子；农村某些群众确有实际困难，包括独女户，要求生二胎的，经过批准可以间隔几年以后生第二胎；不论哪种情况都不能生三胎；少数民族地区也要提倡计划生育，具体要求和做法可由有关省、市、自治区根据当地实际情况制定。上述政策，是今后相当长的时期内必须坚持贯彻执行的。要保持

这个政策的稳定，以利于控制人口。[137]

5 月，国家计划生育委员会召开全国计划生育委员会主任会议传达贯彻了中央政治局常务委员会举行第 18 次会议精神。会议强调，统一思想，首先是各级领导干部的思想要统一到中央的方针政策上来，这是当前做好计划生育工作的前提。[138] 1989 年 2 月 23 日，中共中央召开第 58 次常委会议，讨论《国家计划生育委员会关于计划生育工作几个问题的请示》。会议认为，计划生育是我国的基本国策，计划生育政策必须稳定，政策的波动会引起多生、强生，因此既不能再放宽，也不宜再收紧。现在应当强调认真执行现行生育政策，而不是改变现行生育政策。会议提出，为了使计划生育工作逐步纳入法制轨道，应积极为制定《计划生育法》做准备。在制定《计划生育法》之前，可以先由国务院制定和颁布《计划生育暂行条例》。[139] 国家计划生育委员会的《关于计划生育工作的几个问题的请示》和这次会议精神表明，国家计划生育委员会开始把"女儿户"政策当作各省"计划生育条例"政策尺度的基础。

七、赵紫阳之后的计划生育政策

1989 年夏天的风波以后，随着赵紫阳离开中国政治舞台，由赵紫阳一手制订和坚持的现行的计划生育政策再一次面临被否定的局面。12 月 12 日，国务院总理李鹏主持总理办公会议，研究国家计划生育委员会《关于计划生育工作中几个重大问题的请示》。会议认为，计划生育政策要稳定。[140] 1990 年 8 月 31 日，国务院总理李鹏主持

---

137 《中央政治局常务委员会举行第 18 次会议讨论国家计划生育委员会的汇报提纲》，《中国计划生育全书》，第 **475-476** 页。

138 《全国计划生育委员会主任会议》，《中国计划生育全书》，第 **488-489** 页。

139 《中央政治局常委会第 58 次会议讨论国家计划生育委员会的请示》，彭珮云《中国计划生育全书》，中国人口出版社 1997 年，第 **476** 页。

140 《国务院总理办公会议听取彭珮云的工作汇报》，彭珮云《中国计划生育全书》，中国人口出版社 1997 年，第 **476** 页。

第 117 次总理办公会议，研究计划生育问题。会议认为，我国计划生育工作应逐步纳入依法管理的轨道。现在全国已有二十四个省、市、自治区根据本地实际情况颁布了计划生育的地方性法规。由于各地区的经济、人口、民族等方面的情况不同，国务院制定的法规，不可能很具体，也很难照顾到不同地区的实际情况，因此，目前由国务院制定计划生育法规的条件尚不成熟。会议决定，为了加强地方立法工作，由国家计划生育委员会向还没有制定地方计划生育法规的六个省、自治区、直辖市打招呼，请他们争取在《中华人民共和国行政诉讼法》正式施行以前颁布地方的计划生育法规。[141] 在国家计划生育委员会的督促下，除了西藏、江苏、北京、天津、上海等 6 个省、市、自治区以外，其他 26 个省和自治区都按照"女儿户"的尺度都很快完成了新一轮的"计划生育条例"的修订工作。[142]

2001 年 12 月 29 日，第九届全国人民代表大会常务委员会第二十五次会议通过《中华人民共和国人口与计划生育法》（2002 年 9 月 1 日起施行），提出"国家稳定现行生育政策"。新世纪之初，各省、市、自治区根据《中华人民共和国人口与计划生育法》重新修订自己的"计划生育条例"，除了西藏、江苏、北京、天津、上海等 5 省市以外，其他各省、市、自治区继续执行包括"女儿户"在内的现行的计划生育政策。

（2013 年 1 月 17 日赵紫阳的忌日）

---

141 《国务院第 117 次总理办公会议研究计划生育条例问题》，彭珮云《中国计划生育全书》，中国人口出版社 1997 年，第 477 页。

142 河南省人大常委会虽然也按照"女儿户"的尺度修订了该省的"计划生育条例"，但是，省长曾经下达了一个"省长令"，要求农村也执行与城镇相同的"一胎化"生育政策。

www.ingramcontent.com/pod-product-compliance
Lightning Source LLC
Chambersburg PA
CBHW061430160726
47995CB00003B/830